人大重阳
RDCY

RDCY Academic Series

人大重阳学术作品系列

# 到人大重阳听

# 名教授讲座

主　编　王　文

执行主编　胡海滨

（第一辑）

中国金融出版社

责任编辑：王素娟
责任校对：李俊英
责任印制：张也男

**图书在版编目(CIP)数据**

到人大重阳听名教授讲座（Dao Renda Chongyang Ting mingjiaoshou
Jiangzuo）第一辑 / 王文主编. —北京：中国金融出版社，2018.10
 ISBN 978-7-5049—9799—9

Ⅰ.①到… Ⅱ.①王… Ⅲ.①社会科学—文集 Ⅳ.①C53

中国版本图书馆CIP数据核字（2018）第230671号

出版
发行　**中国金融出版社**

社址　北京市丰台区益泽路2号
市场开发部　（010）63266347，63805472，63439533（传真）
网 上 书 店　http://www.chinafph.com
　　　　　　　（010）63286832，63365686（传真）
读者服务部　（010）66070833，62568380
邮编　100071
经销　新华书店
印刷　北京松源印刷有限公司
尺寸　169毫米×239毫米
印张　14.75
字数　195千
版次　2018年10月第1版
印次　2018年10月第1次印刷
定价　55.00元
ISBN　978-7-5049—9799—9
如出现印装错误本社负责调换　联系电话(010) 63263947

# 序　言

　　《到人大重阳听名教授讲座》第一辑出版了，这是件令人高兴的事情。自中国人民大学重阳金融研究院（人大重阳）成立以来，作为一家特色新型智库，对中国人民大学的学术成果进行转化，就成为一项重要工作，旨在将各种前沿的、有着深厚积淀的思想和学术研究成果介绍给更广大的公众，搭建起学术与社会的桥梁，营造广泛的社会影响力。

　　人大重阳所举办的系列讲座都是对全社会开放的，而且都是免费的。举办讲座意在"启民"，同时也有"资政"的意图，请到的主讲人都是业界"大咖"，他们所讲的都是针对当前社会中的重要议题所做的多年研究，呈现给公众的往往都是他们自己最下功夫、最有心得、最有把握的成果。由于讲座贴近现实，也经常有不少媒体朋友来听，讲座内容经过媒体报道，社会影响日益广泛。

　　"对话人大名教授"系列讲座的主讲人全部来自中国人民大学，自2015年举办以来，深受社会各界的欢迎。讲座内容高端前沿、深入浅出，既有引人入胜的深厚学理又有催人奋进的思想智慧。听众们在讲座上，可以近距离接触学术前沿、尖端理念和中国的时代脉络，这些讲座的前沿性和前瞻性显然是吸引听众的最佳因素。总的来看，这一系列讲座体现了兼容并蓄、学术自由的大学精神，人头攒动、济济一堂听讲座的场景也成了人大重阳一道美丽的风景线。

我们还探索实现了讲座的主题化与系列化。比如：2018年3月主要是解读"两会"系列讲座5场；此前在2015年我们也曾做过关于"生态金融"的系列讲座；另外，我们还组织过"一带一路"主题的系列讲座。

《到人大重阳听名教授讲座》将这些中国人民大学知名教授在人大重阳所做的系列精彩演讲辑录成书。为了与读者分享更多独家内容，我们将每场讲座内容都做了细致的编辑、整理，并且都请主讲人进行了审阅和核对，配上了相关的数据图表，做到了内容翔实丰富，而且还能通俗易懂。

这次整编的第一辑包括三大篇，分别是财政与制度改革新思路、金融与经济发展新方向、"一带一路"与新时代发展新动力，其中2018年的"两会解读"5场系列讲座内容尤为突出，这5场讲座分别是中国人民大学国际关系学院副院长金灿荣主讲"党的十九大后的中国外交"，国际关系学院副院长翟东升主讲"看空人民币的人错在哪里"，经济学院副院长郑新业主讲"五大发展理念将如何改变中国"，法学院院长王轶主讲"新中国民法典编纂，夯实中国梦法治基础"，财政金融学院原院长郭庆旺主讲"新时代的财税改革"。这五场讲座主题和主讲人都广受关注，听众爆满，评价很高，反响极好，在获得极高的社会影响力的同时，也受到了高层的高度重视，凸显了政策影响力。

高质量的学术讲座是一场思想的盛宴，它甚至能带给听众灵魂上的震撼。而一套精美的"大学讲座书"不仅仅要做到忠实地呈现讲座的原貌，选编时更要具有精品意识和学术眼光。选编的过程恰恰是去芜存菁的过程，而我们也希望这本选集能够体现出较高的思想性、知识性和学术性，同时也希望《到人大重阳听名教授讲座》成为国内最受欢迎的"大学讲座书"之一。

王文

中国人民大学重阳金融研究院执行院长

# 目　录

第一篇

# 财政与制度改革新思路

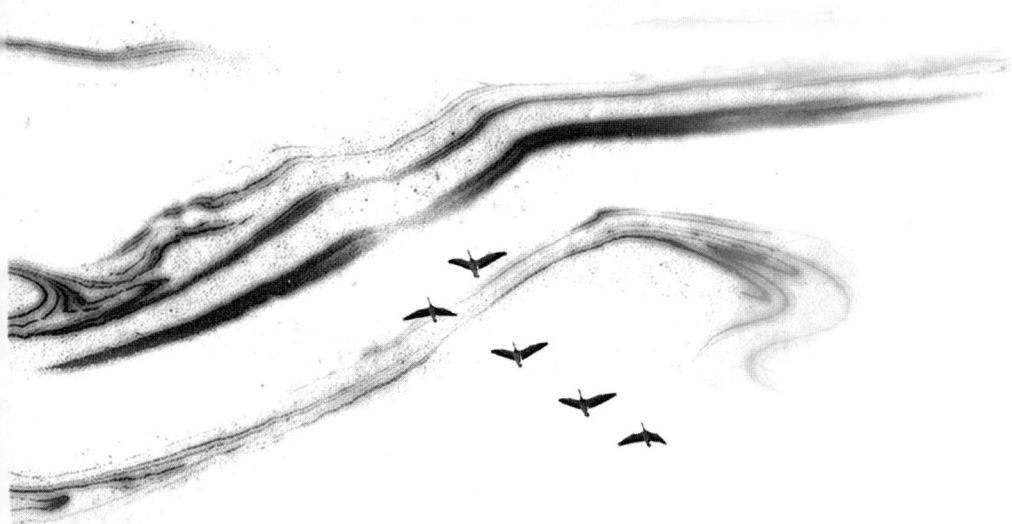

2018年全国"两会"召开期间，中国人民大学重阳金融研究院（人大重阳）特推出"对话人大名教授——'两会'解读系列讲座"。3月21日由中国人民大学财政金融学院院长郭庆旺教授主讲。郭庆旺教授认为，"改革开放40年来，中国经济社会的发展取得了令世界瞩目也是人类历史上罕见的辉煌成就。毋庸置疑，在这样伟大成就的取得过程中，财税制度的改革、财税政策的设计功不可没"。接着，他总结了过去40年里财税制度改革大致经历的三个阶段并分别进行阐述，他深入浅出的讲解赢得了与会人员的阵阵掌声。

# 新时代的财税改革

□ 郭庆旺

## 一、财税改革历史进程

改革开放40年来，中国经济社会的发展取得了令世界瞩目也是人类历史上罕见的辉煌成就。毋庸置疑，在这样伟大成就的取得过程中，财税制度的改革、财税政策的设计功不可没。回首过去40年，我国财税制度的改革大致经历了三个阶段，即有计划商品经济时期的财税改革、进入社会主义市场经济阶段的财税改革以及社会主义市场经济新时代的财税改革。三个不同时期的改革背景、改革目标和改革重点有所不同。

### 1. 有计划商品经济时期

1978—1992年，我们称为"有计划商品经济时期"，开启了中国改革开放的大门，中国从此走向了另一个历史阶段。在这一阶段，我国进行了大刀阔斧的农村经济体制改革和城市经济体制改革，而财税制度的改革成为城市经济体制改革的"突破口"。

这一时期的财税改革突出表现在三个方面，即"利改税""拨改贷"和"包干制"。"利改税"改变了国家与国营企业的利润分配关系和分配方式，为国营企业变成独立的商品生产经营者奠定了物质基础。"拨改贷"改变了国营企业的国家预算内基本建设投资无偿使用财政拨款制度，成为我国基本建设投资体制的一项重要改革。"包干制"是中央与地方财政关系上的一项制度安排，改变了吃"大锅饭"的现象。

以上述"利改税""拨改贷"和"包干制"为主要特征的三项重大改革，推动了改革开放进程，不仅仅使国营企业走向了市场，极大地调动了地方政府的积极性，也开创了高速经济增长时代：1978—1992年的平均增长率为9.6%，比1953—1977年平均增长率（6.5%）高出48%。不过，以"利改税"和"包干制"为主的财税改革也造成了严重的财政问题：预算内财政收入占GDP的比率从1985年的22%下降到1993年的12%，中央财政收入占全国财政收入的比重从1985年的38%下降到1993年的22%（见图1）。这不仅削弱了中央政府的宏观调控能力，而且还助长了地方保护主义，甚至演化出"诸侯经济"现象。

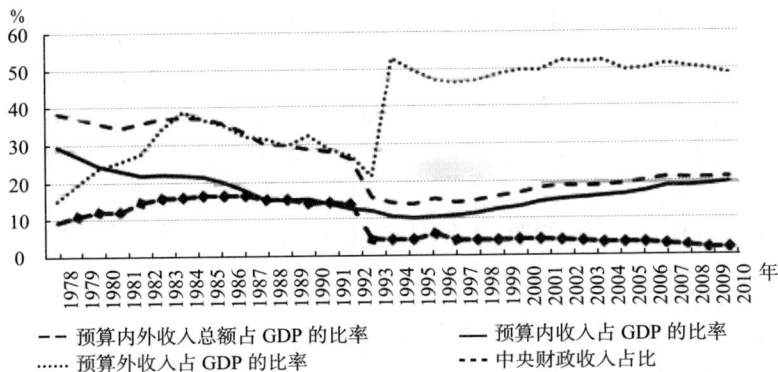

**图1 财政收入状况：1978—2010年**

曲线图例：
- ‑‑ 预算内外收入总额占 GDP 的比率
- —— 预算内收入占 GDP 的比率
- ……预算外收入占 GDP 的比率
- --- 中央财政收入占比

## 2. 进入社会主义市场经济阶段

从1993年开始，中国进入了社会主义市场经济阶段。针对改革开放初期财税制度改革所产生的不良后果以及为了适应社会主义市场经济体制的新要求，我国于1994年开始了新一轮全方位的财税制度改革。这一轮财税制度改革也可简要总结为三大举措，即简化税制、实行分税制以及规范财政管理。

首先是简化税制。由于有计划商品经济时期大量运用税收杠杆，很多经济活动和利益关系都想通过税收手段来调节，所以，这一时期陆续开征了37种税。进入社会主义市场经济阶段，经过1994年的税制改革以及后来陆续取消或合并税种，税种从37个减少到23个，目前仅存18个。这次税制改革以及后来的税制完善，不仅统一了税法，公平了税负，而且提高了税制的整体效率。其次是实行分税制。为了消除过去财政包干制的种种弊端，构建新型中央与地方财政关系，实行了以划分中央财政与地方财政收支、建立中央财政对地方财政的税收返还制度和转移支付制度为主要内容的分税制。分税制财政体制的确立，不仅增强了中央政府的宏观调控能力，调动了地方政府的积极性，而且在一定程度

5

上促进了全国统一大市场的形成。最后是规范财政管理。政府在财政管理上进行了多项改革，比如实行部门预算制度、收支两条线制度、国库集中收付制度、政府采购制度以及改革政府收支分类等等。财政管理的规范化推动了政府依法理财、民主理财、科学理财。

这一时期的财税改革，不仅实现了"两个比重"的提高（见图1），也越来越适应社会主义市场经济体制的要求，为社会主义市场经济的发展营造了良好的税收环境——1993—2012年的平均经济增长率高达10.2%，比1978—1992年平均增长率（9.6%）又高出0.6个百分点；1997年我国进入下中等收入国家行列，2010年成为上中等收入国家一员。不过，在经济高速增长的过程中，收入分配不公平现象凸显，生态环境质量不断恶化，纵向财政失衡程度日益严重。为了应对这些问题，新一轮的系统性财税改革迫在眉睫。

## 二、新时代财税改革的目标

### 1. 新时代财税改革要贯彻新思想，适应新要求

如前所说，过去40年的财税改革目标很明确且具有针对性，比如有计划商品经济时期的财税改革就是要让国营企业适应商品经济的发展，同时调动地方的积极性；1994年的分税制改革提高"两个比重"，同时使财税制度适应社会主义市场经济体制的要求。如今，站在新时代的起点上，财税改革的目标是什么？

首先，新时代的财税改革目标必须要贯彻落实习近平新时代中国特色社会主义思想，包括"经济新常态"论、"五大发展"理念、"基本经济制度"论、"双手协同"论、"人民中心"论以及"共同富裕"论。

其次，新时代的财税改革目标必须体现新时代的新要求。习近平总

书记在党的十九大报告中指出，"中国特色社会主义进入新时代，我国社会主要矛盾已经转化为人民日益增长的美好生活需要和不平衡不充分的发展之间的矛盾"。可见，新时代的财税改革要有助于满足"人民日益增长的美好生活需要"。我想这需要夯实两个基础，一个是硬基础，另一个是软基础。

硬基础的定义需要重新修改，物质的丰富还需要扩大GDP的增幅。尽管我国已经成为仅次于美国的世界第二大经济体，但是不能盲目乐观。就拿2016年来说，我国的GDP总量仅相当于美国的60%，人均国民收入仅是美国的14%（排在世界第85位），而且过去GDP的表现差强人意。满足人民日益增长的美好生活需求，要有相应规模的高质量GDP做后盾，这一点不能忽视。因此，新时代的财税制度改革，必须要考虑如何刺激GDP的稳速增长。

在新时代，硬基础、软基础应该是对等关系，不是"更重要"。习近平总书记说，"人民美好生活需要日益广泛，不仅对物质文化生活提出了更高要求，而且在民主、法治、公平、正义、安全、环境等方面的要求日益增长"。而民主、法治、公平、正义等软基础在某种程度上与财税制度是互为因果关系的，财税制度的完善有助于夯实软基础，而坚实的软基础也有助于财税制度的现代化，二者是相辅相成的。

### 2. 改革目标：加快建立现代财政制度

从财税理论的发展来看，新中国成立以来，我国的财政制度和政策经历了三种形态，即"生产建设型财政""公共产品型财政"和"国家治理型财政"。生产建设型财政一般是指新中国成立到改革开放初期的财政制度和政策，大量的财政资金投入到直接办企业、直接介入经济各个领域。这种财政形态是那个时代的客观要求，不仅是中国当时落后的社会经济发展的需要，也与当时整个国家的经济体制相吻合。进入20世纪90年代之后，财政学界根据市场经济的要求，主张财政完全退出生产经营领域，建立"公共财政"模式——称为"公共产品型财政"。如果从成熟市场经济的要求来看，"公共产品型财政"无疑具有内在的合理性。不过，"公共产品型财政"的理念和实践，至少存在着三大问题：第一，它忽视了我国的"市场经济"是以公有制为主体的"社会主义市场经济"；第二，它忘记了"我国仍处于并将长期处于社会主义初级阶段"的基本国情；第三，它混淆了基本公共服务与公共福利的界线。

党的十八届三中全会报告提出，"财政是国家治理的基础和重要支柱"。因此，新时代的财政形态将转变为"国家治理型财政"。这种财政形态不再囿于财政的经济体现，而是强调了财政的政治体现，尤其重视从推进国家治理体系和治理能力现代化的角度进行制度建设。重构财税制度，建立现代财政制度，正是新时代财税制度改革的目标。

在新时代，生产建设型财政主要提供以市政工程为主的经济基础设施，公共产品型财政主要提供以教育、医疗、养老等为主的社会基础设施，国家治理型财政主要提供以现代财政制度为主的制度基础设施，包括公平的税收制度、有效的支出制度、透明的预算制度、合理的财政体制，三种财政形态并存，只是有了新的内涵、新的功能定位。

## 三、新时代财税改革的重点

如何建立现代财政制度呢？现代财政制度的内容有很多方面，比如现代税收制度、现代支出制度、现代预算制度、现代公债管理制度、现代财政体制。

现代税收制度至少有三大特征：第一，整个财政收入体系中以税收为主，社会保障缴款为辅。第二，税收体系中以直接税为主，间接税为辅。第三，直接税体系中，个人所得税的地位非常突出，而社会上非常关注的财产税并不那么重要。

### 1. 收入体系：税收为主，社会保险缴款（税）为辅

在财政收入体系中，收入形式多种多样，包括税收、收费、罚没、捐赠、资产变卖、基金、国有企业利润上缴、社会保险缴费等。现代税收制度的一个前提是，税收在财政收入体系中必须居主导地位。原因何在？从制度建设角度来说，至少有两点：一是税收的规范性，二是税收的法治性。党的十九大报告中再次强调加快税收立法，落实税收法定主义。

从国际经验来看，如图2所示，高收入国家的税收收入占整个财政收入的比例大致在64%，上中等收入国家现在也基本收敛到了64%，我国的税收收入比重却不到50%。这表明，以行政性规定形成的非税收入形式占比较高，导致整个财政收入体系的规范性和法制性较弱。

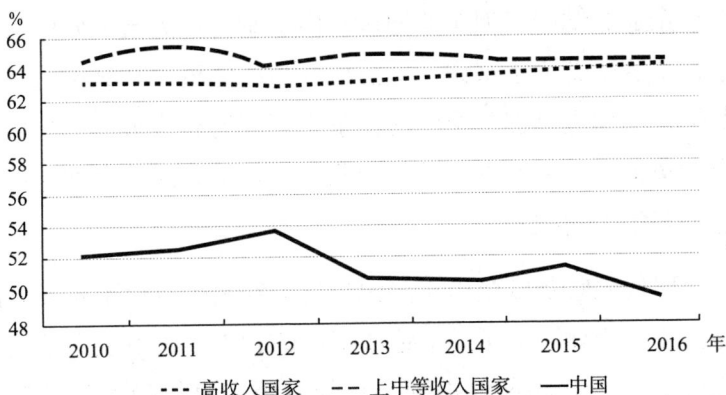

**图2　税收收入占全部财政收入比重**

就社会保障缴款而言，如图3所示，高收入国家的社会保障缴款占财政收入的23%左右，上中等收入国家平均水平不到18%。而中国出现了一个特殊情况，社保缴款占全部财政收入比重逐渐上升并已经超过了同属上中等收入国家的平均水平。倘若这一趋势发展下去，我国的社会保障缴款占财政收入的比重很快就会赶上高收入国家的平均水平。这一现象值得我们关注和深入研究。

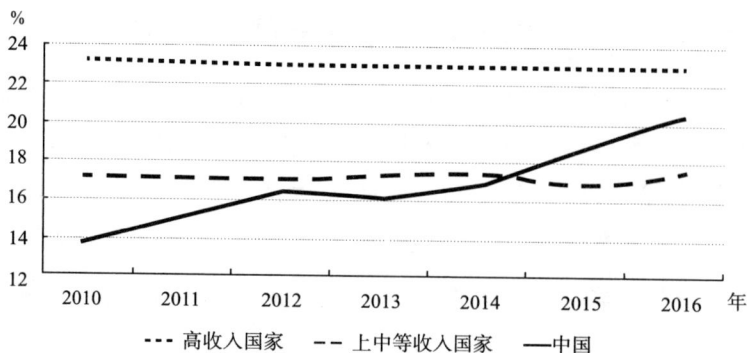

图3　社保缴款占全部财政收入比重

## 2. 税收制度：直接税为主，间接税为辅

在税收体系中，以直接税为主是现代税收制度的一个基本特征。直接税和间接税的区分在于税负是否能转嫁，比如原来的营业税、增值税，虽然是企业缴纳的，但企业通过价格机制将很大一部分税负都转给老百姓了，从这个意义上来说，营业税改为增值税，与其说是减轻企业的税收负担，不如说是提升企业的竞争力，因为有很大一部分税款本来就不是企业负担的，但减税之后，企业可以降价，降价有助于扩大市场份额，这是竞争力的问题。

为什么现代税收制度要以直接税为主呢？至少有以下两个方面的原因：一是公正。正如习近平总书记所指出的，人民美好生活的需要包括了公平正义，而直接税能够做到公正的原因是直接税大部分都是累进的，特别是个人所得税，收入越高的人适用的税率越高，缴纳的税就越多；反之，间接税具有累退性，由于间接税包含在商品价格之中，不管是低收入者还是高收入者都要按照市场价格购买商品，相比之下，低收入者所负担的间接税与其收入比，要大大高于高收入者所负担的间接税与其收入比，显然低收入者的税收负担更重。二是民主。直接税一般以家庭个人为纳税主体，直接税比重提高，不仅会增强家庭个人的纳税意识，也会促使家庭个人更加关注税收的"公平、正义"以及税收收入的用途及其效率，有助于民主法治社会的建设。

可是，从我国目前的情况来看（见图4），直接税收入占税收收入的比重只有35%左右，而高收入国家的该比重在58%左右，中等收入国家的该比重在38%左右。因此，党的十八届三中全会的决定就已经提出要"逐步提高直接税比重"，这是我国建立现代税收制度的第一步。

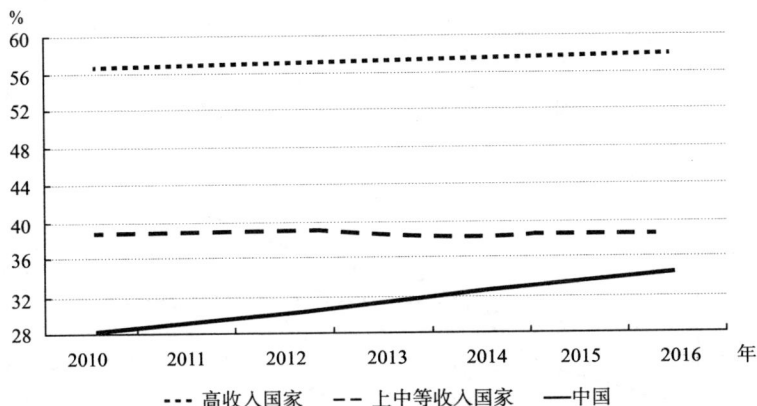

图4　直接税占税收收入比重

### 3. 直接税制：个人所得税地位突出，财产税并非特别重要

在直接税体系中，主要包括三大税种，即个人所得税、企业所得税和财产税。首先，我国目前的企业所得税占税收收入的比重不仅高于高收入国家的平均水平，也高于上中等收入国家的平均水平，尤其是近年来还有上升趋势（见图5）。可是，鉴于供给侧结构性改革要求减轻企业税收负担，而且在经济全球化、国际竞争非常激烈的情况下，降低企业所得税是大势所趋，因此，我国在建立现代税收制度进程中，需要降低企业所得税比重；换言之，我国不能也不应以增加企业所得税来提高直接税比重。其次，中国目前虽然对个人所有非营业用的房产免征房产税，但属财产税性质的房地产相关税种所筹措的收入占税收收入的比重达到8%左右，不仅超过了上中等收入国家的平均水平，也高于高收入国家的平均水平（见图6）。

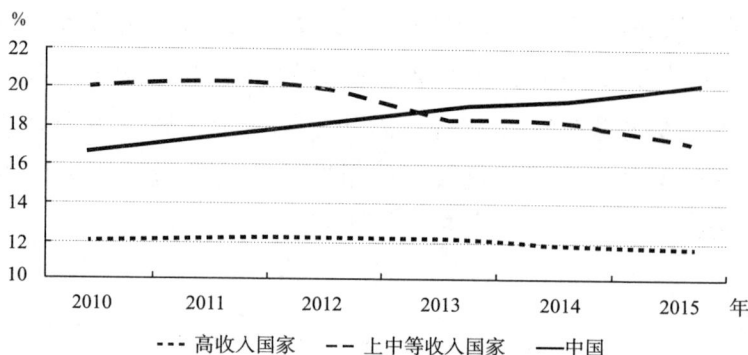

**图5 企业所得税占税收收入的比重**

- - - - 高收入国家　- - 上中等收入国家　—— 中国

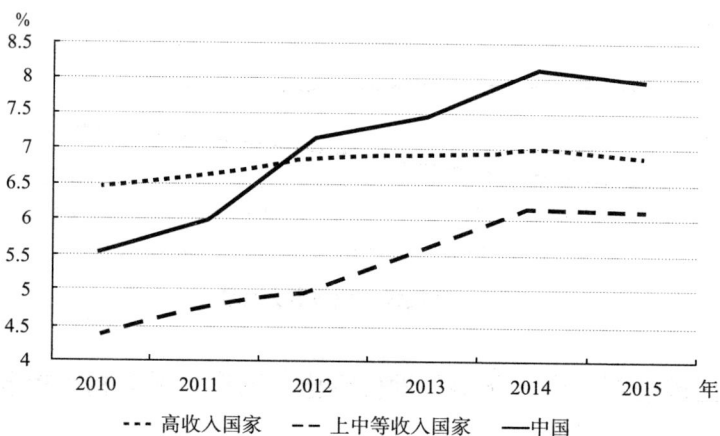

**图6 财产税占税收收入的比重**

- - - - 高收入国家　- - 上中等收入国家　—— 中国

　　如此看来，要想提高直接税比重，唯有增加个人所得税。的确，我国个人所得税占税收收入的比重偏低，不到8%，是上中等收入国家平均水平的1/2，是高收入国家平均水平的1/5（见图7）。可见，我国增加个人所得税的空间比较大。

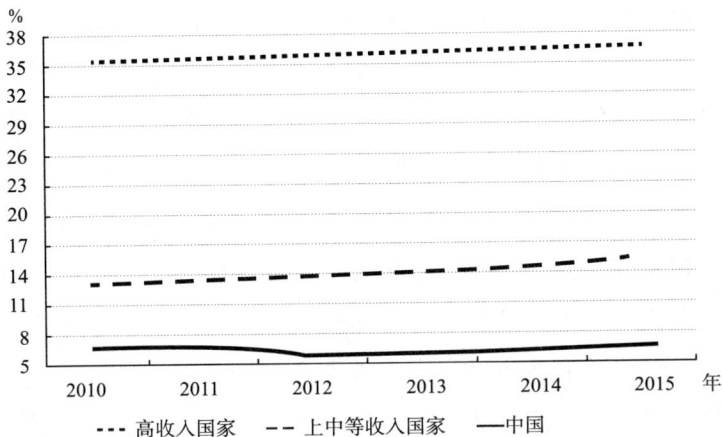

图 7　个人所得税占税收收入比重

总之，建立现代税收制度的一个明显变化是从目前以公司企业为主要纳税主体，转向以家庭个人为主要纳税主体。可以预见，这一转变将面临更大的社会压力。

## 四、问答环节

问：美国可能又要掀起新一轮减税浪潮。中国的企业税负在下调，个人所得税起征点在上调，这些也都意味着减税。在这种情况下如何在不增加低收入者负担的前提下增加个人所得税？您对提高个税起征点有何看法？

郭庆旺：首先，增加个人所得税，提高个人所得税比重，不一定要提高税率。从我国现行个人所得税制度来看，应尽快建立综合与分类相结合的个人所得税制度。具体来说，实行对劳动所得和资本所得分别征税的二元所得税制，不仅兼顾了公平和效率，而且扩大了税基，增加了收入。其次，提高个税起征点是必要的，但有两个问题需要说明。第一，个税起征点并非法律上的准确说法，应该叫扣除额或者免征额。我赞同提高所谓的"起征点"，因为人们的收入水平在提高，生活成本在增加，但不能时隔多年提高一次，而应建立科学的费用扣除标准自动调整机制，即每年或每两年根据物价水平变动情况自动调整免征额。鉴于现行免征额已有7年没有调整，这次可将其上调比如20%。第二，对低收入者实行抵免额，比如对工薪所得适用20%税率以下的纳税人给予一定的抵免额。为什么这么做？因为一味地提高所谓的"起征点"，会造成巨大的不公平——收入差距越来越大。假如月免征额从现在的3500元提高到5000元，那么月薪5000元的人不用再交45元的税款[（5000-3500）×3%=45元]。可是，月薪80000元以上的人因增加了1500元的免征额而少交675元（1500×45%=675元），是前者的15倍。我认为可以对工薪所得适用20%税率以下的纳税人分档设计一定的抵免额，从应纳税额中直接抵免，从而消除"起征点"使高收入纳税人受益更大这一不合理现象。

**问：** 国税和地税机构合并对中央与地方的财政关系和分税制有什么意义？

**郭庆旺：** 国税、地税机构合并是个非常正确的决定。首先，这将大大提高征管效率，优化税务资源配置。其次，这将有利于国家大政方针尤其税收政策的统一贯彻执行。最后，这将在一定程度上避免地方政府通过税收优惠、先征后返等手段展开无序税收竞争。总之，国税、地税机构合并有助于理顺中央与地方的财政关系。

**问：** 我国 2017 年减税 7000 亿元，2018 年的目标是 8000 亿元。国家说在减税，但有的企业认为税收负担在增加。在国税、地税机构合并的前提下，特别是在减税政策落实到位的情况下，企业税收负担会不会大幅度下降？

**郭庆旺：** 第一，任何一项政策都有明显的受益者，有不太明显的受益者，甚至还有些是受损者。此外，从整个国家来看是在减税，但具体到某个企业来说，并非所有企业的税收负担都会降低。第二，国家的减税政策一般都具有针对性，或针对某些行业，或针对某些产业。比如在创新驱动发展战略下，很多税收优惠政策都与创新研发活动、高科技领域有关，许多企业没有享受到税收优惠，税负没有减轻，是因为它们不符合条件，这和企业自身的匹配度有关。第三，国税、地税机构合并与大幅度降税没有多大直接联系，但它有助于减税政策一以贯之地落实。

问：您对我国央地财政关系有什么看法？人大财金学院的吕冰洋老师说加强市一级，轻省一级，加强中央，您对央地财政关系有什么看法？

郭庆旺：央地关系不完全是经济问题，也不完全是财政问题，与行政管理制度密切相关。央地财政关系的处理关键在于如何科学合理地界定中央与地方的责、权、利关系。吕冰洋教授的想法可能包括两个含义：一是我国目前的行政级次过多，应减少为中央、省、市三级。二是所说的"轻省"，并不是忽视省级的重要性，而是重新定位省级政府的作用，将其主要功能转变为监察。这些想法我们在很大程度上是比较一致的。我想进一步说明两点：第一，有人说我国的财政分权程度在下降，或者说财政集权趋势在加强。的确，我国目前存在一种"财政分权悖论"现象。如果从常用的地方本级收支比重来看，中国的财政分权程度其实比美国还要大。但是，由于我国的税政和税法是全国统一的，地方政府缺乏税收自主权。不过，这种看似"不合理的"制度安排，也许正与我国的政治和行政体制相吻合。第二，有人认为越是靠近基层的政府越是了解居民的偏好，越能有效地提供公共产品和服务。可是，居民偏好具有明显的异质性，特别是存在特殊利益集团的情况下，所谓更了解居民偏好的地方政府到底能满足哪一群体的偏好？第三，所谓的信息不对称在中国可能不完全适用，因为习近平总书记曾经指出，"要坚持眼睛向下，脚步向下，尊重基层群众实践，解决群众生产生活中面临的突出问题，务必使改革的思路、决策、措施都能更好的满足群众诉求，做到改革为了群众、改革依靠群众、改革让群众受益"。因此，上级政府不一定不了解基层群众的需求。再者，现在都是网络时代了，和过去的信息传递方式完全不一样了，老百姓的想法政府都知道。第四，要稳步推进城镇化建设，特别是乡村振兴战略的实施和实现，都离不开县一级基层政府。如何调动县级政府的积极性、主动性和创造性？其中的一个举措就是深化行政管理体制改革，废市辖县体制，将县级提升至地市级。

2014 年 12 月 17 日，中国人民大学财政金融学院教授、博士生导师、财政系主任吕冰洋在中国人民大学重阳金融研究院发表了题为"现代财政制度的理论与构建"的演讲。吕冰洋教授的主要研究领域为财税理论与政策、经济增长，曾出版多部学术著作，并在《中国社会科学》《经济研究》《世界经济》《经济学季刊》等期刊上发表过数十篇学术论文。

# 现代财政制度的理论与构建

□ 吕冰洋

党的十八届三中全会《中共中央关于全面深化改革若干重大问题的决定》对财政的定位上升到"国家治理的基础和重要支柱"的高度，提出要"建立现代财政制度"。《决定》确定的当前改革总目标是"实现国家治理能力和治理体系现代化"，为实现这个总目标，需要对财政制度进行大幅度改革。因此，建立现代财政制度是非常有时代感的词语，它将引领下一步财政体制改革。

## 一、构建财政理论明晰改革方向

从财政学科的定位和发展角度来看，现代财政制度实际上是对过去财政学发展和研究范式的突破。财政直接对应的英文单词是Public Finance，Public是公共的，Finance带有融资的意思，直译是公共资金的筹措和支出。日本人首先将这个词翻译成了"财政"，这在当时翻译得非常到位，因为财政就是财和政结合在一起。 20世纪90年代以后，我国又提出建设公共财政的必要性，因为过去财政的作用是筹集资金，然后将资金投入到国有企业以推动经济增长，忽视了民生建设。之后，国际经济学界又出现了公共经济学（Public Economics）的概念，因为经济学家考虑到政府在资金收支过程中，会对经济产生重要的影响，所以光分析资金的筹措和支出是不够的，必须要分析它对经济的影响。目前，我国的改革已经走到重要关头，再引用过去财政职能的概念和财政研究范围的概念，已经无法解答党的十八届三中全会提出来的"财政是国家治理基础和重要支柱"这一重要判断。所以，我们需要构建财政理论来明晰下一步新的财政制度的改革方向。笔者在此对建立新的财政制度提出一些抛砖引玉的猜想。

## 二、总体思路：从经济活力到社会秩序

建立现代财政制度的总体思路是财政制度的运转，既要提高经济活力，又要维护社会秩序，实现活力和秩序的有机统一。国家治理能力分对内和对外两部分，对外属于国际关系研究范畴，对内在本质上是指对经济社会的综合治理能力，因为现代社会运转不仅仅是经济问题，还是一个社会问题，政府要面对经济与社会两个重要范畴。研究社会，包括社会保护和社会控制理论。社会保护理论是波兰尼（奥地利学派的代表人物）的重要思想，他认为"一般而言，经济进步总是以社会混乱为代价的"，市场经济的发展与社会保护应该是同步进行的。如果按照市场规律来买卖土地和劳动力的话，有可能导致大量居民流离失所，导致社会秩序混乱。所以，国家要保护社会，不能由市场经济来自发解决。另外，社会发展还需要控制社会。市场经济的冲击导致国家对社会的控制放松，形成各种各样的利益团体，这就会涌现大量的社会组织，社会组织一方面承

担了部分政府职能，另一方面是集体行动的载体。如果政府对社会组织不能展开有效控制的话，它就会成为政府权威的一种消解力量。

## 三、现代财政制度的职能：经济职能和社会职能

就财政职能而言，传统的三大财政职能分别是资源配置职能、收入分配职能、经济稳定和增长职能。而现代财政制度的职能为保护性职能、生产性职能、再分配职能。第一是保护性职能。首先是保护公民的经济权利，如税收法定等；其次是保护公民的社会权利，如社会保障支出等；最后是保护公民的政治权利，如预算的直接和间接参与等。第二是生产性职能。财政收支政策会影响到经济发展。第三是再分配职能。既通过个人所得税、转移性支出和财产税实行收入和财富的再分配，也可以通过预算、税收立法等手段影响居民间权利的再分配。这样，现代财政制度的职能比原来我们界定的财政职能大大拓展了。

## 四、实现现代财政职能的社会政策方向

经济政策关注的是稀缺资源的分配，而社会政策关注人类需要的满足，包括生存需要、发展需要和政治需要。现代财政制度是怎样实现社会政策的呢？一是奠定实行社会政策的制度基础。要通过控制社会组织来化解社会风险。比如，我们现在间接税要向直接税转变，意味着税收要从对企业征税为主转向对个人征税为主，也意味着国家大大加强对个人的掌控力，而控制了人就控制了社会。二是保护人们的政治和社会权利，保障人们的生存权、发展权和参政权。三是促进社会公正，实现收入及财富分配公平，实现权利平等。

## 五、传统财政与现代财政的比较

从治理对象看，经典财政理论讲的是经济治理，现代财政制度是讲经济治理和社会治理；从财政职能看，经典财政理论强调的财政职能是资源配置、收入分配、经济稳定与增长，而现代财政制度的财政职能是保护性职能、生产性职能、再分配职能；从政策方向看，经典财政理论的财政政策属性是经济政策，而现代财政制度的财政政策属性是经济政策加社会政策；从制度运行基础看，经典财政理论中财政的嵌入范围是嵌入经济，现代财政制度中财政的嵌入范围是嵌入经济和嵌入社会。

## 六、中国财政制度的演变逻辑

从新中国成立至20世纪90年代中期的财政特点来看，这一阶段的政府目标主要是推动经济增长，征税主要从企业拿，支出主要针对企业，因为发展经济主要靠企业。所以，我们20世纪80年代很多财政政策主要是围绕如何调动企业积极性展开的。1994年以后我们采用分税制，这个阶段政府的目标一是推动经济增长，二是建立宏观调控机制和保护社会。因为这时市场经济发展导致经济波动的风险加大，同时中国逐渐融入外部经济，外部冲击对中国的影响也在加大。这期间，中国政府因为经济出现剧烈波动而实行了两次积极财政政策。同时，财政扩大用于公共服务和社会保障的支出，这也是我们很长时间以来提出公共财政的重要原因。 但此时财政还没有嵌入社会，体现在两个方面：从收入角度看，这些收入没有真正取得纳税人同意，很大一部分是通过政府条例甚至地方性的法规规章来实施的，公共参与度不够。从支出角度看，纳税人也没有充分参与政府预算的制定过程。从制度运行基础看，财政制度从新中国成立到90年代中期是嵌入企业，财政的主要目标是推动经济建设，因此可称为建设财政。90年代中期到党的十八届三中全会运行基础是嵌入经济，财政主要目标是协调经济发展，强调它的公共属性，实现符合科学发展观的五个统筹要求，因此可称为公共财政。党的十八届三中全会以后，财政制度的运行基础就要嵌入社会，建立新的财政制度，它的目标是要实现国家治理体系的现代化和提高国家治理能力。

## 七、现代财政制度的基本框架：从经济治理到社会治理

财政预算制度建设的目标是民主治理，透明高效。民主治理就需要进行民主预算，即预算的制定、监督、实施等过程要最大限度地吸引人民参与，要通过改进年度预算控制方式，建立跨年度预算平衡机制，实施全面规范的预算公开来实现透明高效。

现代税收制度的建设方向是：法定统一，嵌入家庭。目前税收制度存在的问题是：首先，没有很好地贯彻税收法定主义，税收上升到立法层面不够；其次，税收在执行的时候扭曲得太严重，政府的自由裁量权非常大，也不够统一，破坏了私人竞争的产权基础，产生了很大的效率损失；最后，税种主要是间接税，纳税人主要是企业，税收没有深入家庭。针对现代税制的问题，税收改革的方向是：要法定，将来很多税收要上升到法律层面，有法必依；要统一，全国要尽量清理整顿税收优惠政策，提供一个平等的竞争环境给市场；要简明，税收简明能够更清晰地界定政府与市场的边界；要公平，现在税收累退性很强，不利于实现公平。

财政支出制度的建设是扩大购买，保护社会。很多公共物品不一定由政府来生产，政府可以通过购买的手段来提供，既有利于促进政府廉政高效，还有助于政府控制社会。数据显示，无论是英国还是日本、德国、法国，各国社会组织资金很大一部分的比例来自政府。同时，政

府支出要保护社会，通过各项财政支出保护受到市场经济剧烈冲击的社会组织。

政府间财政关系的建设是哑铃分权、集分结合。中央政府与地方政府的关系很大一部分体现在政府间财政关系上，其难点是实现活力与秩序的统一。怎样保证基层既有活力，但又不失去中央政府的控制力呢？中国实施了几千年的郡县制，都没有解决怎样既能保障中央权威又让地方有活力的问题。总体思路是要寓联邦于郡县之中，既要有活力又要有秩序，就是让最小的单元有活力，大的单元有秩序。具体办法如下，事权改革：哑铃分权。要赋予县级政府更多事权，省只行使监察权，一些重要的事权如司法权集中到中央，这样事权集中在中央和县，形成哑铃式分权结构。税权改革：需要坚持分税方向。即中央、省、县都有主体税种，中央的主体税种就是增值税、企业所得税，省的主体税种就是个人所得税中对劳动综合征收部分，县一级主体税种就是零售税与房地产税，具体税率由当地人大决策，中央政府可以确定一个税率波动范围。这样做的好处是零售税和房地产税具有受益税的性质，将之归于县级政府有利于激发纳税人权利意识，有利于地方政府职能转变。

2015 年 3 月 25 日下午，人大重阳系列讲座第 39 期邀请到中国人民大学财政金融学院院长助理、教授贾俊雪就财政分权改革问题发表自己的看法。本次讲座结合中国市场经济发展和财政分权化改革的实践特点，以地方政府行为为核心、以财政分权和经济增长为主线，构建中国财政分权的基本理论框架，揭示财政分权及其制度安排对地方政府的利益动机、目标定位和行为选择进而对经济增长的影响及其作用机理，探究经济新常态下财政体制改革路径和财政政策转型。

# 可持续性——中国财政分权的"最优模式"

## □ 贾俊雪

财政分权改革是中国经济转型的一个重要组成部分。改革开放以来，以"放权让利"为核心特点的财政分权改革在激励我国地方政府大力发展经济中发挥了重要作用，但纵向财政失衡加剧也带来了地方政府行为扭曲，制约着我国经济的转型升级。如何确立中国财政分权的"最优模式"？2015 年 3 月 25 日，人大重阳系列讲座之"对话人大名教授"，邀请到中国人民大学财政金融学院院长助理、教授贾俊雪，结合中国市场经济发展和财政分权化改革的实践特点，以地方政府行为为核心、以财政分权和经济增长为主线，探究经济新常态下财政体制改革路径和财政政策转型。

## 一、财政分权模式基本框架

构建中国财政分权的基本理论框架体系，核心问题是地方政府的行为。该体系要能够对中国财政分权化改革的经济影响给出一个更为全面的评价，特别是具有逻辑一致性的解释。这是构建中国财政分权的理论框架应该具备的一个基本要求。

正式建立这个理论框架之前，我们先看一下典型事实：

回顾1978年改革开放以来，我国有两种政府与市场的关系，也就是有两种地方政府行为模式，分界线就是20世纪90年代中期。中期之前，大体上是低收、低支、低债的行为模式，当然是动态的。中期以后，我们大体上形成的是高支、高收、高债的行为模式。所以，形成了两种地方政府的行为模式，也就意味着两种政府与市场的关系。这种关系对我们经济增长产生的影响非常大。

1978年到现在，我国形成了两种政府间关系、两种分权模式，分水岭同样是20世纪90年代中期，之前是财政承包制，采取的是财权下放，中央依靠的是"逆向转移支付"。90年代中期之后，则形成了财权层层集中、实权层层下放，借助转移支付解决地方纵向财政失衡的分权模式。

20世纪90年代以后收入分权一直在一个相对低位，与财政承包制改革相比，出现明显的下降，支出责任则仍延续了之前的分权态势，出现了一个明显的收支责任的不匹配。实际上，1994年以后的收入分权程度在40%以上，与很多国家相比不算低，关键在于收支不匹配程度很明显，这带来了一系列问题。所以，我探究的是分权模式，而不是简简单单的分权度。

那么，如何通过一个较为完整的理论框架很好地解释这两种典型事实及其给经济带来的影响？这里，介绍一下我所构建的中国财政分权的理论体系框架。

在这个体系框架里面，核心内容包括：两个体制，以干部考核体系和政府组织架构为内容的行政管理体制，以及以支出分权、收入分权、转移支付制度为内容的财政管理体制；四个利益，即公众利益、政治利益、财政（收入）利益、个人私利；三种机制，即政治晋升机制、财政竞争机制、公共池机制；两种竞争模式，即低税负低支出竞争，高投资高税负竞争。这两种不同的竞争模式会带来两种不同的政府与市场的关系，从而对经济增长产生不同的影响。

我们可以由这个分析框架给出几个核心的观点：

政治利益构成了地方政府根本利益，财政分权模式决定了地方政府实现其根本利益的手段和途径。至少在中国目前的情况下，地方官员最核心的利益是其政治利益，或者说政绩。两种不同的分权模式决定了地方政府的财政策略，财政承包采取的是过度地下放财权，使地方政府拥有极大的税收自主权。在这种情况下，地方政府青睐于采取低税负竞争形式。分税制改革采取的是财权集中，地方政府的收入自主权有限。但是它的支出权利比较大，这个时候它更多地采取高支高收的竞争模式，通过大规模基础设施直接拉动经济，或者通过改善基础设施以吸引资本。两种情况都会带来增长。

财政承包制是财权过度下放，中央依赖"逆向转移支付"，即地方上解获取收入的分权模式不可持续。低税有利于激发市场活力，但是低支会阻碍基础设施的发展。而且，低税负往往会导致企业产生投资冲动，引发投资过热。从政治经济的角度来看，这种分权模式也是一个极端分权，是不可持续的，所以才有1994年的分税制改革。

分税制改革采取的是财权层层集中、事权层层下放，借助转移支付解决地方纵向财政失衡的分权模式。这种分权模式导致地方政府采取高投资、高收入的竞争策略。高投资会直接拉动经济、通过改善基础设施营造更好的经济发展环境，但是也加重了企业税负。不过，在分税制改革很长一段时期内，效益是居主要地位的，所以对经济增长产生了积极作用。而且，中央财力的增加也有助于更好地进行宏观经济调控，对经济稳定也产生了比较积极的作用。但这种分权模式导致的纵向财政失衡加剧也会带来一系列扭曲，随着时间的推移，这种扭曲性影响越来越严重。财政承包是极端的分权，分税制目前也有这种不良倾向，需要及时进行调整。

## 二、财政改革应建立可持续的分权模式

这样的理论框架体系，对当前有怎样的启示？特别是，我国财政政策转型和财政体系改革需要注意哪些问题？经济新常态下，我们过分依赖大规模基础设施投资拉动经济的模式难以持续。

原因有三点：第一，扩张性财政政策的实施空间有限。大规模基础设施投资需要资金，而我国税收动员能力已经渐进极致。而且，财政可持续问题也比较突出，尽管还没有出现大的风险，但是值得高度关注。所以，我们的财政政策空间是比较有限的。扩张性财政政策的效应在减低。这几年，我们的赤字率一直在增加，但政策效应不彰。原因在于，我国的基础设施已经实现了跨越式发展，基础设施投资的边际收益在下降。要想获得效果，只能加大投资力度，但投资越多，边际收益下降得越快，所以这种模式是不可持续的。

第二，与结构调整和创新驱动的发展战略不符。财政政策需要转型，应该走"低支、低税、低债"的模式。当然，现在还不具备全面减税的条件，因此应该采取有针对性的减税，从如何激发市场活力、激发市场创新这个角度来减税。减税主要应针对中小企业，激发企业活力，促进企业创新、技术进步。关于基础设施投资，规模一定要控制，关键是调整投向。还有很多地方，比如说农村基础设施还比较落后，更多地投向这个领域收益会较大。

第三，是投融资模式的创新。我们需要基础设施发展，并不意味着全由财政买单，需要引入更多的民间资本。当然，如何更好地推进公私合伙模式还需要不断探索。对于"三公"经费，一定要采取有效措施降下来。对于民生性支出，需要加大投入力度，但应该是适度的。教育、医疗和社保支出对改善民生很重要，但在增加这方面投入时也一定要考虑财政的承受能力。而且，应降低准入门槛、引进民间资本，比如引导社会资本积极进入高端医疗服务和高等教育领域。政府管的应该是基础性的医疗和教育服务。对于社保，现阶段水平偏低，应该持续增加投入，但长期应考虑建立动态调整机制，经济形势好的情况下增长快些，经济形势较差时增长得慢些(甚至标准可降一些)，一定要建立起社会保障是可以动态调整的观念。这样，才是一种理性、可持续的做法，也才可能为减税创造出更大的空间。

我们需要进行财政政策转型，减少政府收支，让市场更好地发挥作用。如何实现呢？重要的是制度安排，就是财政体制改革。回到我们最初的题目，关键在于确立一个最优的可持续的分权模式。这里用到可持续，即这种分权模式一定是中央和地方都能够接受、认可的，而非某一方（或双方）存在很多抱怨导致很多制度规定走形的分权模式。具体来说，第一，适当下放财权、上移事权，形成一个收支责任更为匹配的分权格局。完全匹配不可能，也没有必要，但是至少我们要比现在更匹配。第二，具体到事权，我们可以采取有收有放、总体集权的做法，比如说，制定基本公共服务的全国最低标准，减少对地方政府支出的过多限制；将基础教育医疗卫生的社会性支出责任适当上移，这个上移可能到中央，也有可能到省，不要过多地压在县级政府层面。 第三，财权划分应采取有收有放、整体分权的做法。是不是土地出让金应纳入中央和地方分权范畴内？这个问题还有待进一步探究。要是中央分成的话，地方更没有钱了，但是不分成，地方土地出让行为又有点控制不住。关于地方举债权，目前，赋予地方政府举债权，主要是使地方债务公开透明、得到阳光监管。这主要通过债券市场，但问题是我国债券市场什么时候才能担负起这个职责？显然，目前债券市场还很不完善，短期之内很难承担起这个责任。再看行政问责，即地方债务出问题，将追究行政官员责任。但如何实际操作？地方债务风险是一个累积问题，出现问题有可能是这届政府的问题，但也可能是上几届政府的原因，或者是外部冲击导致的。那么，应该追究谁的责任？这些实操性问题都需要审慎对待。第四，对于财政转移支付，应该控制规模、优化结构和资金分配方法。关于税收返还，建议取消税收返还，将资金用于均衡性转移。需要指出的是，关于税收返还存在一个错误认识——现在无论是中央还是地方都认为税收返还是地方的钱，因此中央无法对其进行调整。其实，就本质而言，税收返还也是中央转移支付，因为这部分资金涉及中央的再分配（它包含奖惩机制），只不过规则很明确——并不是说拿上来原封不动地给地方，是有一个分配，只不过这个分配力度相对要小一点。而且，只有中央承认这是中央转移支付，是中央调节地区财力的一部分，才有权根据需要作出优化调整。

## 三、财政体制改革不可强推

上述内容很多学者都谈过，但在实践中要不就是很难实施，要不就是实施了但效果并不理想。什么原因？这里涉及财政体制改革需要注意的两个方面：

第一，避免过分依赖财政体制改革。希望通过财政体制改革把政府面临的财政问题都解决了，这在改革开放初期较容易做到，但现在面临着很大困难。原因在于，财政体制改革的基础条件不同。任何一项改革都是有先决条件的，如条件不具备，改革就没有办法顺利进行。

大家可以看出这个框架，分权集权有行政分权集权、财政分权集权、经济分权集权。因为财政体制与经济分权最接近，所以经济改革应该以它为突破口。但是，现在可能需要通过行政体制改革为财政体制改革创造条件——改革次序可能需要改变，其中的一个重要方面就是政府绩效考核机制。2014年，已开始推进干部考核机制改革，只有把这个机制理顺了，下面的财政体制改革才可能更容易，才会有更好的效果。

第二，为改革而改革。在财政体制改革的先决条件和基础不具备的时候，强推财政体制改革可能收效甚微甚至适得其反。如果一些重要条件不具备，应考虑先缓一缓，把关系理顺了再推行，收效可能会更好。

中国人民大学重阳金融研究院在 2018 年 4 月继续推出对话人大名教授系列讲座，4 月 11 日晚由中国人民大学经济学院教授、汉青经济与金融高级研究院副院长陶然主讲。他在此次讲座中主要围绕改革开放 40 年来的成就与挑战展开，对中国增长模式进行了深入的解读，从而回答了为什么中国的房价会越来越高、中国的基尼系数会增高等问题。

# 中国经济转型的模式与挑战

□ 陶然

中国改革开放的 40 年，经济学者、社会科学家做了许多可行性增长方面的研究，提出了很多解释，但对中国迅速的增长和中间的动态过程，研究的深度仍然不足。

## 一、改革开放的起点

中国的改革开放之所以能够顺利展开，跟 1971 年、1972 年以后中美关系调整有很大的关系。一般意义上的理解，认为中国的改革开放始于 1978 年中国开始进行的农村联产承包责任制改革。在相当长一段时间内，中国的计划经济优先发展重化工业，重化工业里尤其注重发展军工，而军工的投资就极度地挤压了轻工和农业，以及轻工与农业生产所需要的能源、原材料和机械装备生产的可能性。然而恰恰是中美关系的改善，使得中国由跟两个超级大国同时不友好的局面，改变成与一个超级大国美国关系缓和并对另外一个超级大国前苏联共同施加压力的局面。这时候我们才能把在军工方面的投入逐步降下来，并适度转向轻工业、农业的发展方面，这个转移从1972年之后已经逐步开始。

1978年又出现一些重大变化，使得农村联产承包责任制市场化的改革能够推动。这一时期，政府加大财政投入，给城市居民逐步增加工资，以及增加副食、肉食的补贴，使得他们有支付能力去购买市场化生产的更多的农业与轻工业消费品，使得我们产业结构的转换从军工优先变成了轻工和农业更快地发展。反观此时的苏联，变成了与中国和美国两边为敌的局面，也就没有办法降低军工方面的投入，也完成不了国内工业结构的调整，直到1990年后，才不得不以激进的方式来进行改革。

所以，那种单纯认为中国改革开放是自下而上的看法是片面的：一旦政府将更多的军工投资转向增加城市与农村居民的生活补贴，居民消费需求增加并通过市场化来增加供给之后，就又会出现一个货币化的过程。也就是说，推动市场化之后，货币化可以让政府增加铸币税收入，使得政府可以通过给城乡消费者超发货币刺激市场需求更快增加，这个过程就能够解释为什么中国20世纪80年代改革过程中出现了消费品购销两旺，因为政府在市场化过程中有很多铸币税收入，增发以后不至引起过度的通货膨胀。

## 二、改革开放至今面临的挑战

中国改革开放40年，我们的经济增长显然取得了非常大的成就，然而这个模式到今天开始出现了增长下滑，而且金融风险加大。

首先，与高速的增长相伴，我们的收入差距也在逐渐扩大。中国的基尼系数已经到了很高水平，这是一个很奇怪的现象。美国收入差距扩大，是因为全球化和新技术进步，使得中产阶级的收入转移，而富人通过国际投资以及新技术的进步，持续积累了更多的财富。日本、韩国，则是在发展过程当中，把其他发达国家中产阶级的工作抢过来，让更多农民阶层变成中产阶级。这些经济体从低收入变成中等收入的时候，它的基尼系数一直在0.4以下，我们中国的模式与日本、东亚四小龙有很多相似之处，但带来这么高的收入差距令人困惑，也需要去解释，这是对未来发展会产生重要影响的一个变量。

其次，近年来也出现了房地产泡沫化问题。2005年之后中国人民币开始升值，但最近几年货币贬值压力在增加，甚至出现了一些资本外逃的现象。而日本、韩国在经济增长的过程当中，一个是GDP的增长，另一个是随着经济增长货币升值，共同助推其进入发达国家阵营，但中国却没有出现人民币持续升值的情况。

## 三、中国增长模式是东亚模式的一个极端版本

上述各种指标都显示了中国可能存在拉美化的风险，究竟是怎么造成的这个局面？未来有可能怎么样摆脱这个局面？

这就需要对中国的市场模式有一个好的了解。中国的增长模式，其实20世纪90年代中后期以后，基本上沿着类似的，但不完全同于日本和东亚四小龙的"东亚模式"。所谓"东亚模式"的特点，就是政府都是相对比较集权的，要抓经济发展。早期发展期间，工会都相对被压制，对于劳工来说，工资增长不会太快。但是这样企业家愿意投资，愿意投资也有好处，因为劳工工资不会增长太快，就会多用劳工，就会有更多的农村城市化，除此以外，东亚经济体的另外一个做法，是为创汇行业和战略导向型产业提供各方面的优惠。这个优惠包括提供低利率的优惠贷款，对技术创新提供财政补贴，对企业实施出口退税。这些措

施，导致了劳工收入比较低，存款利率比较低，国内的需求就会相对比较低，内需就不太旺。而与此同时，企业家投资意愿比较高，产出就会比较多，产出跟国内需求就会造成一个缺口，这个缺口带来的产能过剩需要通过压低本国汇率来在国际市场销售出去。

但是中国的增长模式比东亚模式还要更极端一点。在投资占GDP的比例方面，全世界来看，各国经济体20%~30%的GDP用于投资，日本、韩国高速增长期是30%~40%，中国是40%~50%（2008年以后稍有变化），这样的局面就导致中国的发展特别依赖于出口，特别依赖于投资，而内需的比例正好相反。

东亚的那些经济体，经过经济发展30—40年，日本和东亚四小龙都成功地摆脱了"中等收入陷阱"——收入分配比较平等，产业升级比较顺畅。但中国40年的发展，尤其是最近15年的发展，虽然收入有很大增长，但收入不平等加剧，环境破坏、征地等社会矛盾增加，资产泡沫，大量流动人口在城市无法定居——有拉美化趋势。为什么会这样？

对这一问题的解答，需要全面理解中国现阶段增长模式形成的体制背景。总体而言，中国模式与东亚模式有三个不同的地方：（1）上游部分制造业与高端服务业行业的国有行政性垄断，（2）以国有银行为主体的金融体系垄断，（3）地方政府对土地的垄断。

## 四、如何理解中国增长模式

怎么理解中国经济增长的动力与现状？大家都知道，1994年中国进行分税制改革，中央财政收入从只有20%多提高到了55%。尤其是对于制造业行业，我们推行了增值税，增值税中央拿走75%，中央财政收入一下子提高。但是中国地方政府，从苏南这些地方开始，20世纪90年代中后期开始搞工业开发区，21世纪之后工业开发区浪潮席卷全国。工业开发区征地与基础设施建设成本很高，但招商引资过来产生的大部分增值税收入被中央拿走，为什么地方还有动力这么大规模搞工业开发区建设？很多人解释说，中国地方政府没有钱了，所以就搞工业开发区，这种说法是有悖于经济学常识的，因为分成比例下降，地方积极性应该下降才对。不是说中央拿更高比例，地方会更积极发展，地方完全可以选择不干或者少干，为什么反而多干？

假定制造业的产出是$y$，$t$是税率，$\alpha$是地方分成的比例，分税制把地方分成比例降下来了，$\alpha$下降，如果财政不变，积极性会下降，就是我和你原来五五开，现在七三开，你肯定积极性下降。但是其他条件恰恰发生了变化，什么变化呢？这个$t$发生变化了，比较一下新的增值税，增值税比之前我们对地方乡镇企业与国有企业收税，外加上缴一些利润的综合税率比起来，是要更高的，所以$\alpha$乘以$t$，地方政府拿的实际税率下降得不多，地方还有积极性推动制造业。但是还有一个问题，如果税率提高了，那么应该对税基$y$有负面的影响，产出就会减少，但我们看中国制造业产出不断地增加，甚至中国成为很多中低端消费品的世界工厂。为什么？因为还有一些其他影响制造业产出的条件发生了变化。

20世纪90年代中后期以来，中国开始面临产能过剩的情况下，中央和地方政府采取了一系列的行动，来抵消税率提高对于制造业的负面影响。第一，1994年人民币汇率一下子贬值了40%，很多投资者愿意到中国来，那些制造业才能转移过来。第二，便是地方政府通过压低工业用地、环保与劳工成本来进行招商引资与工业开发区建设，也使制造业企业发展进一步降低了成本。

总体来看，20世纪90年代中后期以来到2008年，中国这套发展模式是什么样的一个逻辑呢？这个逻辑就是主要的消费品，包括大部分重工业装备部门都已经基本上民营化、市场化了。中国的消费品与不少装备也有了大规模的对外出口。中国这个经济对出口的依赖在全球大经济体中是非常突出的。为什么出口这么多？你去看中国政府对企业的税收其实相当高，而且由于存在金融、能源、原材料、交通运输等行业的行政性垄断，民营企业总体来说还要支付非常高的资本利息。这里就要问一个问题，为什么税收、资金、能源材料还有其他各种成本很高，中国制造业企业还有这么大的竞争力？那是因为地方政府通过征地、放松环保和劳工各方面的保护也给企业提供了很多低成本的环境，同时中央政府也压低人民币汇率，两个措施一起增加了中国制造业产品的国际竞争力。此外，地方政府虽然给制造业企业提供便宜的土地、劳工与环境，但却可以通过垄断商住用地把钱挣回来。上述一个增长模式，解释了为什么中国那段时间有这么快的增长，为什么这个过程中，一些国有垄断企业、地方政府、国有银行控制的资源越来越大，为什么中国的收入分配在进入中等收入国家行列后却成为世界上基尼系数最高的国家之一。

这个模式也解释了为什么中国工业用地和商住用地价格差距越来越大。2002年左右，中国商住用地价格是工业用地的2倍，这跟日本、东亚差不多，到了2008年就是七八倍了，现在估计十几倍了。

这个模式到2009年以后，出口无法持续增长，为了应对2008年国际金融危机，我国政府动用了4万亿元的财政支出，央行同时也放松了信贷政策，银行于2009年发放了9.6万亿元规模的贷款，2010年的规模仍然高达7.95万亿元。2009年以后，大规模刺激以后的一线、二线、三线、四线城市全面出现了房地产价格上涨，很多西部地区没有制造业发展的地方，它的房价在1~2年上涨了100%~200%。在金融体制仍然被严格管制，利率也没有充分市场化的情况下，大量廉价贷款被配给发放给地方政府所建立的投融资平台，和具有一定垄断地位的中央和省级国有企业。前者运用贷款进一步新建、扩建工业开发区，改善城市基础设施，而后者除运用这些贷款去国内外收购包括矿产资源在内的资源和资产外，还有部分投入国内市场的土地炒作，并进一步推升了城市地价，加剧了房地产的泡沫化。

很多中西部地方政府认为，本地制造业还没有搞起来，房地产就起来了，这个起来不错，但是要推动实现产城融合，还得搞制造业，那正好能不能也建一些开发区，把一些制造业吸引过来？所以，地方政府由于房地产价格和土地出让金的大规模上涨，出现了财政幻觉，房产相对收入很高，便找银行借钱建设，第一，建更多新城区卖房地产；第二，建一些工业开发区，争取把这个地方制造业基础夯实。2009年之后，中国工业开发区每年的土地出让规模超过了2002—2007年开发区狂潮的土地出让。这样就发现，地方政府的债务，2008年、2009年只有5万亿元很健康的水平，2010年变成10万亿元，现在已经达到20万亿~30万亿元的水平。

所以本人认为，现在确实是需要全面研究中国转轨过程的经济增长模式及其后面的政治经济学。怎么走到今天这一步，经验是什么？教训在哪里？国有企业与民营企业未来应该怎么走？国企应该如何改？一旦因为最近几年刺激政策导致能源、原材料行业的过度投资以后，为了去解决这些国有企业的债务问题，政府就会通过环保措施强行地把民营的大部分关掉，导致这些行业出现了全面集中化与寡头化，但这些行业寡头化会降低下游成本、会改善资源配置吗？非常存疑。是否这样做会进一步影响到下游的民营企业发展，影响经济创富与创新的能力，都需要进一步研究。总体来看，经济的各个部门是相互联系的。如果政府不能够充分意识到过去财富创造的机制是什么，以及过去这个机制的力量与局限性分别在哪里，那么未来经济的调整就可能带来问题，而不是解决问题，经济增长的可持续性就无法实现。

中国人民大学重阳金融研究院2018年4月继续推出对话人大名教授系列讲座，4月17日晚，中国人民大学财政金融学院金融学教授、重阳金融研究院高级研究员郑志刚老师主讲"真正实现独角兽回归，上市制度改革要怎么改"。

# 真正实现独角兽回归，上市制度改革要怎么改

□ 郑志刚

我国内地资本市场正处于上市制度改革的前夜。以阿里巴巴、百度、腾讯等为代表的"独角兽"公司离开业务主战场的内地纷纷去境外上市。谁能吸引这些新经济企业赴本地资本市场上市，谁就能为资本市场未来发展注入新的活力。谁能捉住独角兽这个问题已经摆在资本市场研究者、实践者和监管者的面前。

## 一、上市制度改革的全球背景

2017年12月，香港联合交易所宣布未来允许"同股不同权"构架的公司赴港上市。无独有偶，2018年1月，新加坡的股票交易所推出了类似制度。目前，全球主要证券交易所纷纷改革其现有的上市制度，以适应新的资本市场变化，吸引新经济企业上市。

以纽约交易所和纳斯达克为代表的美国资本市场凭借其灵活的制度安排、完善的上市规则，受到全球优质公司的青睐。2018年4月3日，一家流行音乐的媒体平台Spotify在纽约交易所上市。这次上市，可以说是纽约交易所的又一重要创新，他们推出了"直接上市"的全新模式。"直接上市"与传统IPO不同的是，传统IPO是需要投资银行完成相关的承销工作，而"直接上市"并不发行新股，维持原有股权结构，因而并不需要承销商参与。投资银行从传统IPO业务中收取的佣金直接折半。"直接上市"公司的股票开盘价由当日的买单和卖单确定。我们看到，正是在上述背景下，各国资本市场纷纷改革上市制度，以吸引"独角兽"来本国资本市场上市。

2018年3月30日，中国内地资本市场监管当局出台了《关于开展创新企业境内发行股票或存托凭证试点的若干意见》。《意见》出台的主要目的可以概括为以下三个方面：第一，鼓励创新型企业发展。第二，终结部分"独角兽"企业的"国内赚钱、境外分红"模式。例如阿里巴巴、腾讯业务分布在国内，但是公司却在境外上市。第三，吸引新经济企业回归国内A股上市。《意见》的出台引起了社会的重点关注，市场的反应强烈。

## 二、发行 CDR 就实现了独角兽回归 A 股吗

《意见》中十分突出的一条是境外上市公司可以在内地发行CDR，以实现独角兽对A股的回归。CDR即中国发行托管凭证，指已在中国境外上市的新经济企业在中国境内发行的用于代表境外股票等基础证券权益的金融工具，CDR的发行受到市场普遍的认同。首先，CDR为阿里、腾讯这样的境外上市公司提供了一个新的融资途径，且成本相对低廉。阿里、腾讯在扩张过程中需要大量的资金支持，对他们而言，融资渠道越多成本越低越利于公司的发展。其次，CDR的发行为券商、投资

银行提供了新的利润增长点。按照纽约交易所新近推出的"直接上市"模式，券商、投行的佣金收入将减少。CDR的发行离不开券商、投行的参与，因此，这将会成为新的利润增长点。最后，CDR对投资者来说是新的资产配置途径，完善投资组合结构，分散风险，因而对于投资者而言也具有积极的意义。

然而，我注意到，一些媒体和专家对CDR的相关解读并不准确。《意见》里强调"可以发行股票或托管证券"是出于文字表达简洁的需要，却使很多人误认为境外的上市公司要回A股上市。境外的上市公司发行CDR，公司仍旧在境外上市，只是同时在我国内地发行相应的融资工具而已。这些"独角兽"在境外上市的时候是同股不同权，另外还有VIE构架。但一些媒体将《意见》的出台与"同股不同权"和VIE构架的修改联系在一起，甚至一些媒体错误地把该《意见》的出台解读为中国内地资本市场将如同中国香港和新加坡一样，允许"同股不同权"构架的新经济企业在A股直接上市，这是非常错误的解读。

《意见》明确说明，证监会根据《证券法》的法律法规规定，依照现行股票发行和遵守的程序，核准试点红筹企业在境内公开发行股票。法律依据是《证券法》，如果要做相应上市改革，一定要依据《证券法》的修改。"试点企业在境内的股票或存托凭证相关发行、上市和交易等行为，均纳入现行证券法规范范围。"而试点红筹企业运行规范等事项可适用境外注册地公司法等法律法规规定。境外上市的独角兽并非退市后在A股重新上市，因而并不涉及"同股不同权"构架、VIE结构的改变问题。

因此，CDR发行并不是真正意义上的"独角兽"回归A股。以360公司为例，如果360公司回归A股，首先要在美国执行私有化程序，即退市，按照估值90多亿美元，到A股进行借壳上市，估值3000多亿元，整个过程的完成才算是真正的回归。

如果要实行允许同股同权，则需要涉及修改《公司法》，但这在目前资本市场建设阶段不能够做到。因此，发行CDR并不意味着境外上市的独角兽企业已经回归A股，更不意味着中国内地资本市场已经允许具有"同股不同权"、VIE构架的企业在内地A股上市。

## 三、CDR 的本质和推出原因

让我们简单回顾一下托管凭证CDR的发展历史。1927年，英国政府禁止本国企业在海外上市。但是为了实现海外企业融资，一种名为ADR的金融工具应运而生，这就是CDR最早的形式。我们知道，IPO是首次公开发行上市，而CDR不属于IPO范畴，跟IPO没有任何关系。从投资的角度来说，CDR只是一种金融工具或是一个证券品种。

在目前阶段，CDR推出的原因是它可以在一定程度上绕过或者回避企业重新在A股上市必须符合我国的《证券法》和《公司法》的相关规定。因此，我国发行CDR的本质就是短期利用金融工具的发行来代替长期基础性上市制度变革的"权宜之计"。因为，基础性上市制度变革需要过程，对《公司法》的修改需要消耗大量时间，而发行金融工具则会便利灵活。

## 四、作为理财产品的 CDR 存在的一些问题

### 1. 监管真空问题

发行CDR金融工具的主体是在境外上市的新经济企业，但是相应的CDR流通业务却在中国内地。这里就会出现监管真空的问题，即国内金融监管当局会因公司在境外注册上市，无法跨越法律和技术的监管困难。CDR由此特别容易成为市场投机和套利的工具，特

别是当CDR与"阿里""腾讯""独角兽""新经济"这类词语联系起来时，投机的意味就显得特别浓。

### 2. 公司治理真空问题

从投资者角度看，投资者持有的CDR是金融工具，并非公司的股票，因此，投资者不是公司的股东，也不具有表决权。股东背后体现的是所有者权益，以在股东大会上表决的方式实现利益诉求的保护。表面上，持有CDR的投资者可以一起分享新经济企业发展带来的红利，但并不享有保障投资者权益之"实"。例如，由于CDR没有健全的公司治理保障机制，如果境外上市公司的股东方或者是管理层不执行红利的发放，CDR的投资者缺乏相应的途径与股东和管理层相制衡，投资者自身的权益也无法得到保障，因而CDR的发行伴随着公司治理真空的问题。

### 3. CDR 推出的积极意义

CDR是一个金融工具，一个理财产品，它的推出无疑具有十分积极的意义。

第一，CDR拓宽了境内投资者的投资理财途径。金融监管当局推出CDR是以往监管思路的延续。近几年来，监管当局陆续推出沪港通、深港通和正在酝酿的沪伦通等，目的是让资本市场互联互通，拓宽国内投资者投资渠道，推出CDR也可以使得内地投资者间接分享境外独角兽企业的发展红利。

第二，以金融工具CDR发行可以短期内实现上述目标，但本质上CDR发行并非新经济企业对A股的真正回归。CDR推出为投资者拓宽投资渠道提供了新的路径，标志着我国资本市场上市制度吹响了改革的号角。

## 五、上市制度改革的目标

1. 短期目标：要让独角兽回归A股。目前独角兽已经非常成熟，当年就不该走，现在回来当然很欢迎。但一些学者对此有不同的看法，当年走的时候是一个充满朝气的年轻人，现在回来是带着满身的赘肉。这是另外一个问题，但还是有积极意义的。

2. 长期目标：通过独角兽的回归来推动中国资本市场基础性的上市制度变革，让资本市场真正成为新经济发展的助力。要促进资本市场基础性制度的改革，通过开放促进改革。

## 六、上市制度的改革方向

上市制度改革涉及的内容很多，要想真正实现独角兽的回归，未来应该着手以下四个最基本方面的改革。

### 1. 接纳"同股不同权"构架在 A 股上市，甚至允许变相推出不平等投票权

从阿里上市过程回顾来看，阿里曾经在港交所挂牌上市，退市后赴美国上市。当时阿里的CEO陆兆禧曾经说过这样一句话："今天（2014年）的香港市场，对新兴企业的治理结构创新还需要时间研究和消化。"阿里美国上市对中国香港资本市场来说是很大的打击。阿里的股权设计是非常重要的制度创新，使用的是合伙人制度。阿里第一大股东是孙正义控股的软银，持股比例31%。第二大股东是雅虎，持股比例15%。而马云及合伙人却负责阿里董事会的组织，软银和雅虎并不干涉，以保证公司的运营机制由马云合伙人负责。软银仅仅派出一位没有表决权的观察员进入董事会。阿里通过合伙人制度变相推出不平等投票权。由于实质还是同股不同权，因此，香港当年不允许上市。后来

的事实也表明，香港错失了一个资本市场发展的良机。

在美国上市的京东是标准的AB双重股权结构的股票，即A股是一股一票，一股有一票表决权，而刘强东持有B类股票。因此，刘强东在京东的实际出资额是20%，但是表决权有83%。还有在纽交所上市的Snap Inc.，Snap是类似腾讯视频的APP，深受美国青年喜爱，甚至采用三重股权结构。目前，内地资本市场不接纳双重股权结构股票。相比而言，美国资本市场的包容性和多元性优势就体现出来了。

同股不同权看起来似乎不利于股东利益的保护，但有其存在的理由。

首先，同股不同权将短期的雇佣合约转变为长期合伙合约。传统的模式，经理人是打工仔，老板可以解雇他，这叫短期雇佣合约。为了协调股东和经理人之间的矛盾，在公司治理制度安排上有很多版本。1.0版本可以说是经理人股权激励计划。最近联通的混改，就用雇员持股计划，让雇员像股东像主人翁一样去思考，这是1.0版本。同股不同权相当于公司治理激励政策的升级版2.0版。阿里合伙人其实就是软银、雅虎必须长期聘用的职业团队，无法解聘。引用亚当·斯密《国富论》里的一个观点，核心思想是打工仔和合伙人背后的结果是完全不一样的。阿里和京东通过这样的制度安排，可以实现从打工仔心态向合伙人身份的转化。铁打的经理人，流水的股东，或者是铁打的经理人、铁打的股东，双方都很稳定，由此可以建立一个长期的合伙合约，实现合作共赢。

其次，同股不同权可以在股东和经理人之间实现专业化的深度分工，提高管理效率。在传统的同股同权的模式下，股东大会是有权否决董事会提出的决策的，如果股东缺少对实际情况的了解而作出了错误的判断，对公司的发展影响巨大。在阿里模式中，孙正义不干涉董事会作出的任何决策，具体业务创新模式全部交给阿里团队去做，做到专业化分工的深度合作。

最后，同股不同权的制度安排可以有效地防范"野蛮人"入侵。从2015年开始中国资本市场进入到一个新的时代，即分散股权时代。中国以往是一股独大，公司治理主要的制度安排由大股东大包大揽。但是从2015年万科股权之争开始，中国上市公司第一大股东的平均持股比例低于33%了。按照《公司法》重要事项必须通过股东的2/3多数人同意才可以通过，低于33%意味着主要股东失去了一票否决权。所以，主要股东连相对控股权也达不到了，我国资本市场进入了分散股权时代。

分散股权时代有几个含义：第一，未来公司组织过程一定要有商议性民主精神，不可能出现大股东一个人大包大揽。联通混改，背后的思想就是要强调商议性民主，不是大股东一个人说了算。第二，既然是分散股权时代，投资者可以通过二级市场购买股票，比例足够大后即可成为公司的股东，这叫"野蛮人入侵""野蛮人撞门"。这是把"双刃剑"，一方面有它的积极意义，恰恰可以成为重要的公司治理力量；另一方面，这构成了对业务模式创新的一种打击。如果现在要做人力资本专业性投资，刚想投资，"野蛮人"进来，把投资人赶跑了。历史上这种事情在苹果公司就发生过，乔布斯曾经被赶走过。既然有可能有一天突然被闯进来的"野蛮人"赶走，为什么要进行业务模式的创新呢？在中国既然进入分散股权时代，上市公司就应该形成防范"野蛮人"的制度安排。AB股双重股权结构股票恰好是这样一个好的制度安排。

### 2. 取消上市盈利要求，注重企业增长潜力，而非高的上市盈利门槛

外部融资有两个途径，一个是发债，另一个是发股。债务利息可以抵税，有税盾效应。一些企业恰恰是因为没有形成一个稳定成熟的业务模式，没有办法获得传统金融机构的外部融资。或者说，它的经营模式还有很多不确定性，需要外部投资者帮助其承担风险，这时需要上市。价值投资收益是依靠未来收益而实现的投资。这恰恰是我们资本市场的

应有之义，资本市场的功能就是帮助一个没有形成好的业务模式的企业融资，给予资金支持。因此，内生性决定了之所以选择上市的企业一定是业务模式不成熟的，没有一个稳定的盈利模式的。

以目前上市盈利门槛的执行情况来看，出现了两个有趣的现象。一个现象是"IPO业绩变脸现象"，即上市前业绩上升，上市后业绩下降。这显然跟盈利水平限制有关系。目前，我国是审核制，上市需要相当一段等待的时间，真正上市的时候这个企业已经过了它的高盈利期了，然后业绩变脸，呈现下降的形式。上市后反而给投资者带来不了稳定的投资回报。

3年净利润超过3000万元的门槛其实很高，很多独角兽企业达不到。京东早期是长期亏损的，阿里巴巴早期也有这样的情况，特斯拉也是，现在还在亏损。我们以2018年4月采用直接上市模式上市的全球最大的音乐流媒体平台Spotiy为例，4月3日上市市值266亿美元，年营业收入49.9亿美元。它是直接上市，作为直接上市的标兵推出来的。但是不要忘记，Spotiy公司在2017年亏损3.78亿欧元，之前都是处于亏损状态。按照内地上市的标准，这样的企业是会被挡在上市门槛之外的，但是这种具有潜力的公司在美国就可以直接上市。评价一个企业的盈利潜质的功能交给更具判断力的投资者，特别是专业的投资机构，还有市场，它们才是真正的专家。

### 3. 降低外资持股比例限制

我国以前有很高的门槛，主要是金融行业。但在2017年11月的时候中美两国元首北京会晤，财政部表示未来我国将降低相关限制。今年召开的博鳌亚洲论坛易纲行长对此进一步明确，未来我国将取消银行和金融资产管理公司外资持股比例限制，"内外资一视同仁"。早期的时候不能超过33%，相对控制权没有。三年以后不能超过49%。证券公司、金融管理公司、期货公司持股比例三年不能超过49%，一定是中资控股，这是以前。现在上限放宽至51%，意味着外资可以控股了。三年以后不再设限，外资可以独资了。未来会出现很多外资的证券公司、外资的银行。未来钱存在什么银行可以选择。我国的金融业面临洗牌，寒冬即将到来。这主要针对的是金融行业，但独角兽行业涉及很多领域，不仅限于金融，未来同样有这样一个问题。

## 4. 未来允许 VIE 构架上市，VIE 是可变利益主体

阿里巴巴公司在开曼群岛注册，在美国上市，经营实体在中国。关于VIE构架的问题，中国目前在减税，趋势是减税。营商环境也在改善，包括保护私人产权的问题都在做，出台了一系列的制度。一旦最终的门槛降低到很低的时候，阿里意识到在开曼群岛和在中国税收没什么区别，自然就会回来。当然，未来还有很多工作要做。

第二篇

# 金融与经济发展新方向

中国人民大学重阳金融研究院 2018 年 4 月继续推出对话人大名教授系列讲座，4 月 3 日晚由中国人民大学财政金融学院副院长、证券与金融研究所所长、重阳金融研究院高级研究员赵锡军教授主讲。他在此次讲座中主要围绕金融的目的、基本原则、风险的源头和如何防范金融风险展开。讲座后他还一一回答了听众关于资本市场、金融开放、中美贸易战等方面的问题。

# 中国资本市场改革大势

□ 赵锡军

国际国内一些新的变化，使我们进入一个发展的新时代。这个新时代涵盖的内容可能已经超出国内，还有国际的因素也在里头。如果从我们自己的时间轴和国际影响因素空间轴两个轴线来定位现在的资本市场，我想有两条要考虑。

第一，我们自己整个金融发展模式是什么样的，金融究竟想为经济建设、国家发展提供什么样的支撑。

第二，从国际角度来讲，金融在国际拓展方面又有哪些交互的东西要建立起来。

前几年，特别是美国次贷危机以后，大家对于金融的整个定位都在进行深入思考。西方国家经济、金融发展经历了很长时间，中间也经过多次的危机和反复。我们国家也出现过一些经济方面的过冷过热，金融方面的震荡，我们花了一些代价才走过来。今后，我们会不会碰到西方那样的危机，能否安全渡过去，这就很难说了。

如果我们遇到西方国家碰到的危机或其他金融方面的大风险事件，我们有没有准备？我们应对金融危机4万亿元投资开始以后，也不断地发现，在整个经济金融领域积累了很多差强人意的东西。大家在应对危机的时候可能考虑的比较单一，就是想着怎样把下降的投资给托起来，减少的出口能拱起来，把经济增速下滑抬起来。如今，中国通过大量投资来刺激经济的后果，我们也开始不断地戳到了或碰到了。现在不得不进入了新的阶段，来化解这些后果。

如何避免这种单一思维和模式，是我们要考虑的。

## 一、金融究竟要干什么

金融究竟要干什么？目前，金融有很多说法，资金融通、服务经济、投资融资等等。无论怎么说，如果我们要用一个简单的语言来描述的话，金融就是用别人的钱来办自己的事情。

既然是用别人的钱办自己的事情，从它的发展角度来讲，就存在着一个考虑，有没有限度，有没有极限，有没有边界。一个国家在某个阶段或某个发展时期，有没有一个比较合理的金融结构和规模，有没有这个合理规模和结构能够容忍的范围，也就是它的边界。合理性是我们能找到最中间的位置，边界是合理的最大的范围。

无论是资产、负债或用其他的指标来衡量，什么样的规模是目前我们的经济发展水平、发展阶段比较合适的规模？如果超出以后，会有什么样的结果？会带来什么样的影响？这些都是不得不考虑的。

从理论角度来研讨金融是不是有个合理的规模和结构，还很难找到明确的答案。所以，只能退而求其次，看看现在的理论研究，学术积淀，从学理的角度、规律的角度来讲，哪些规律能够帮助我们判断这个合理的规模。有时候，我们发现的一些金融规律可能帮助我们实现或接近这个目标，比如风险配置机制。这是最基本的风险定价机制。你用别人的钱来干自己的事情的时候，什么样的平衡点是最合理的。如果我们从金融活动的回报和付出来看，回报可能是资金的收益，付出是你要承担的可能风险。这两者之间有个对等的关系，你承担什么样的风险，得到什么样的回报。这是最基本的风险和回报之间对等的原则。这一原则可能就是我们定位金融活动合理与否或是判断风险范围的最基础的东西。

## 二、过度的错配就会出现危机

风险和回报之间对等的原则，可以称为金融活动的基本原则。这个国家和经济体所发生的金融活动超出了活动主体所能承担风险的范围，就可能会出现错配，过度的错配就会出现危机或者风险过大的问题。

风险和回报之间有相对合理的对应关系，但这个对应关系是什么样的？有没有数量的对应关系？如果能找到数量的对应关系就能解决这个问题。很多风险定价理论实际是讲到了风险和回报率之间的关系，但有各种各样的前提条件。这些前提条件和我们的现实又有差距。比如基本的资本市场定价理论，有很多的条件。只有在这些条件满足时，这些数量关系才能帮助你。

不管怎么说，有了这个思路，我给它的一个说法是，风险等价关系在同样的稀缺性或期限约束条件之下，投资回报与其所承担的风险之间应该有一个对等的关系，而且它们之间可以转换。也就是说，你用承担比较高的风险去获得比较高的预期回报。反过来也是一样，你要获得比较高的预期回报，也就要去承担这个相应的风险。

确定了这个以后，什么样的风险超过了你所承担的边际条件，就是你用别人的钱用到什么时候是极限。当你用别人的钱，用杠杆来支持你的实体经济或生产经营活动的扩张，就是你借钱或融资来进行实业投资。第一个边际条件，就是边际的融资成本应该等于边际投资收益，这是一个极限。

第二个边际条件，你用别人的钱融资来支持资产价格的上升，它不是靠生产经营实体经济来创造利润，是你融资来购买资产，导致资产价格上升，然后把它卖掉。这是纯粹的金融活动，投融资活动是服务于实体经济的，它是服务于资产升值增值。这个有没有边界呢？理论来讲也有边界，边际融资成本应该和边际投资收益相等，如果超过这个条件，实际就超越了你的极限。

理论上可以这么说，但很难找到明确的边界，因为你只要融资，循环下去，只要资产价格上升，它总能获得回报，所以，很难有一个明确的、最终的极限。这种极限只是资产价格到了某个水平以后，爬不上去了，只有跌下来。但什么时候是极限，谁接最后一棒，什么时候是最后一棒，这不好说。在资产价格上升和最后一棒，最高的价格，你要找到一个点，这个点就是一个极限的点，也是我们风险定价最极限的点。

这些前人的研究和结论，可以帮助我们来考虑这个问题，虽然不能给你明确的结论，但你至少可以有个思考的方向。

## 三、我国金融的现实状态

从最近几年情况来看，2009年我们应对国际金融危机，这些金融活动总结起来大概有这么一些特点，首先，金融资产规模增长迅速，无论是银行业、证券业、保险业等其他行业资产规模增加得非常快。

增加非常快的前提是，在货币供应方面采取相对比较宽松的政策，

2014—2015年广义货币大概增长速度是13%，有很多年是超过13%的，那么信贷增长也非常快。如果说信贷是货币投放最重要的渠道的话，货币的增长通过信贷扩大，使得整体金融资产规模越来越大，那就意味着金融资产的规模扩大，背后是投融资活动增加了。但是没有人考虑到，风险和收益是不是对等的。也许从其自身角度来讲，会考虑投资一个项目的风险，但没有人从宏观角度来考虑。所以，整个金融领域资产规模膨胀迅速。

如果资金来源是自己的钱，自己干自己的事情没关系，反正风险自己承担。但这么快速的资产规模的扩张，用的都是别人的钱，银行的资本充足率按照目前来讲13%、14%，百分之八十几的钱都是别人的。其他的领域也类似。从这个角度来讲，资产扩张背后是负债大幅度扩张。在2013年出现了所谓的"钱荒"问题，在那么宽松的条件下，资产负债成本都很低的情况下出现了"钱荒"，这就是一个预兆。这意味着扩张可能进入到了一个边界。

到了一定程度以后，可能出现第二个边际条件，用融资推高资产的价格到了边际条件以后，融资的成本、边际成本和推高资产价格带来的边际收益，这两者之间正好是相等的，甚至可能出现倒挂的情况。这在现实中间就表现为，我们很多做投融资的金融机构出现了资金成本和项目回报两者之间差距越来越小，变得一致，无利可图。接下来，出现倒挂，这个事情在2014年、2015年就出现了，开始出现理财产品不挣钱甚至倒挂的情况。

有些项目不挣钱，金融机构资产负债表上就开始出现了一些不良的情况。所以，陆陆续续出现了一些债务违约的情况。首先是城投债最早出现，然后是各种各样的违约，也出现理财产品兑现不了的情况。当资产质量下降，风险上升以后，市场投资者就会有一个新的评价，这个评价就是总体信用状况开始下降变差，意味着信用评级开始下降。

从2016年3月开始，美国两家机构标准普尔和穆迪对我们主权信用展望、某些金融机构信用评级开始下调。2017年又降了一次。一旦信用情况开始下降，就意味着风险在上升。风险上升就意味着融资成本开始增加，投资要求的回报率会进一步提高。2016年出现这种情况以后，再加上金融市场的震荡等，开始出现了资金向外流出的情况，最后表现在市场上就是资产价格开始出现震荡，导致股票市场、债券市场不断出现震荡和风险。

2015年先是股票市场，然后是外汇市场，2016年债券市场等一系列市场价格开始出现震荡。这个震荡出现后，价格总体上要降下来，通过调节释放风险，回到前面所讲到的风险和收益基本对等的状态。

我们认为，总体上要有约束。如果整体没有约束，就可能出现系统性风险。没有人承担的话，这个问题就真的会变成一个大的危机。

## 四、如何防范金融风险

股票市场上，2015年股票救市，动用了大量资金去支撑这个价格，当然，价格还是下来了。这是动用公共资源做这件事情。假如有3万亿美元的外汇储备，但为了支撑一年就花掉了1万亿美元，再出现类似的事情，怎么办呢？不可能无限制地去做这个支撑。所以，我们要思考究竟怎么样才能够从宏观上避免这些事情，在新的十字路口，新的时代，新的阶段，传统做法是否要改进，是否能真正从更加宏观角度思考这个问题。所以，我们2017年4月召开了全国金融工作会议，对金融提出了新的三个方面要求：

第一，要服务于实体经济。

第二，要控制好或防范系统性风险，不能让它出现。

第三，要进一步改革开放。

服务实体经济就是回归到本源了。我们做的工作，只考虑到第一个边际条件，就是金融活动的热度，扩张的范围，实体经济的增长从宏观来说需要多少金融活动。边际条件就是增加1元融资用来投资项目，回报率刚好和融资成本相等。现在对金融机构有流动性的要求，对企业有降低杠杆的要求，但这个企业的杠杆降低到什么程度达到边际现在没有，所以，宏观方面还会出现过度融资后，资本市场投资其他的资产。

股市、房市或其他的市场，不鼓励投机。特别是住房市场，讲到"房子是用来住的，不是用来炒的"。这个情况如果融资，来投资房地产那是不行的，要控制。出现了这个方面的要求，但前期很多企业已经把融资用来推高资产，用来购买很多的房子、土地或者别的金融资产。怎么办？就提出化解风险的要求。这是今后三年最重要的三大攻坚战的第一大攻坚战，就是消化第一个边际条件以后的融资，把它化解掉。

把杠杆降到什么程度算是可以，这也不太好说。所以，每个企业从自身角度来操作，通过流动性的控制，限制它的金融活动等等，而不是约束这些金融机构借钱融资。这个做法会有效果，因为供给约束。但是这只能治标，因为真正融资、投资的主体自己没有约束。作为国有企业可以有降杠杆、降债务的考虑，对地方政府可以要求，但对别人呢？你是约束不住的。我们通过司法部门、公安部门来进行介入，对那些所谓的金融控股公司进行综合治理。这是以严监管、强监管来化解这些过度的杠杆。

化解以后怎么办？到2020年以后，不可能控制金融机构不让它做业务。让金融服务实体经济，我们传统的思维就是扶持大的项目和企业。现在大的项目越来越少了，大的企业现在在降杠杆，地方政府也在降杠杆，居民也在降低负债，那么金融服务到什么地方呢？这是我们要考虑的问题。

从资本市场角度来讲也是一样，从最早的放任到二级市场做并购、炒作，价格抬高再卖掉，到后来证监会的主席刘士余说，不能让资本大鳄做这些事情，不能让那些"妖精""害人精"做这些事情，开始收紧监管。从2015年救市以后，证监会不断地在加强监管，查出了很多案子，银行也是一样。

目前我们也可以看到一些新的考虑，国务院近日同意证监会来开放一些新的融资通道，所谓的"独角兽"企业融资，CDR试点也开始推出。服务实体经济，支持创新驱动有了一些战略性的考虑。证券领域未来发展，我们拭目以待。但从强监管、严监管，化解这些风险的举措来看，表明金融资本市场开始迈出了新的一步。

## 五、互动环节

问：感谢赵老师的分享，您刚才说边际成本和边际收益相等，这在理论上是成立的，也是最佳的，我也完全赞成。实际上，您也说这是难以预测的，因为实际上可能曲线最近。我也对您刚才谈到的情况有个感想，我们的国民财富健康发展，在实体上是个正道，金融按照孙子兵法的用法，奇正相生对我们国民财富发展是最有利的。这是我的理解。

赵锡军：你有相当一部分的观点和我是一样的，都没有问题。前面的评论我就不说了，理解都是一样的。后边对于财富的工作，我认为现在是个比较麻烦的事情，我们现在面临的是全球化的市场。我们通过劳动生产力的提高、实体经济运行来创造财富、获得财富、保护财富。但现在有很多国家的金融机构金融活动远远超过了第一边际，会和你构成竞争，也就是说，当其超越第一边际，金融活动又在第二边际以下，承担不了风险时，它的金融活动效率可能比你要高，它的财富增长和积累的速度比你要快。所以，美国股市涨得这么快，中国股市为什么不涨？这就要解释。

**问：现在国企和央企资产负债率很高，有时候去杠杆任务非常重，您认为可以有什么对策？**

**赵锡军：**对于央企来说，就是从事实体经济这些生产经营活动，可能不需要那么高的负债率。借债企业融资扩张，因为市场容量总是有个极限的，也就是说，它的第一边际条件总是能够达到一个平衡点。那个平衡点，对于个体企业来讲，就是现有的生产规模完成了，这是最佳的点，就不需要扩张了。当然，它可以有质量的提升，产品升级换代，新的投资项目、新的市场可能有新的平衡点。问题是，所有企业都一拥而上的时候，那就没有约束了。所以，我们面临的是总体宏观方面没有约束的状态。

我认为，国资委现在对国企有负债率的要求，针对的还是已经形成的局面，而不是将来各家企业要先升级换代，研发新的产品，产生新的负债情况。不管怎么说，先解决现有这些问题可能是第一步。接下来，每一家企业都要求升级换代，做调整，要借债、融资，又会形成开发方面新的杠杆，新的杠杆形成的时候就不要重复4万亿元应对金融危机时的做法，宏观方面要有一些约束。

**问：2017年上半年在IPO里过会率还是蛮高的，过会企业利润相对偏低，有2000万元以上的就过会了，今年方向明显变了，三年1亿元，最后一年是2000万元，这是不是在为"独角兽"让路，一年之内和未来三年之内这种情况会不会持续下去？**

**赵锡军：**如果你看一下国务院批准的，证监会关于CDR试点文件里，对发行CDR有了一些新的标准，对这些境外挂牌上市的企业到境内融资已经有所放松了。至于现有的，在境内的这些企业IPO，更严格了约束条件。你可以按照现在的程序、现在的标准去做一些文件，但报上去以后，做得不合格打回去，执行不清楚也打回去，迫使你想清楚究竟想干什么，融资是为了什么。当然了，有些企业觉得条件达不到干脆撤回去了。

**问：2017年特朗普访华时，我们承诺要开放金融领域，当时一些朋友对这个表示很忧虑，请问我们向美国开放金融领域有哪些利益或风险，中国这么做会不会承受比较大的国家安全风险？如果特朗普访华是打贸易战，逼迫我们，当前中美贸易战情况下，我们会不会放缓或不再履行承诺？**

**赵锡军：** 实际2017年年底，财政部已经对外宣布了我们金融领域怎么对外开放，股权方面怎么样放松，我认为开放是个必然的结果。从制造业的开放可以看出，这个企业可能一开始面临比较大的国际压力，但是通过竞争还是能够成长起来的，制造业已经有一些经验了。反倒是你保护比较强的东西，比如制造业里，经常说到的汽车行业，关税很高，保护得很强，实际比其他行业比如家电行业还要发展得慢一些。从这个角度来讲，我们现在面临着和发达国家，包括金融企业在内和发达国家有一定的差距，但我们能赶上去甚至超过他们。在面临外部竞争时，如果企业有恰当应对我相信会越做越强。

目前情况来看，外资金融机构运行成本非常高。这几年有不少外资金融机构、银行也进来了，但总体发展并不是特别如意。这说明了我们自己的金融机构仍然有相当的竞争力，关键还是要看它提供什么样的服务，这个服务是不是符合我们客户的需要、中国市场的需要。从这个角度来判断，可能我们企业还是能够有些应对的地方，但不是每个企业都这样。

现在大家要关注的一点是，这次开放过程中，如果越来越多的外资机构进入到我们的市场，资金的流入流出更多了，那么会不会从宏观层面对我们的国际收支、外汇市场有一些压力。

**问：国家防范系统性金融风险，要企业加杠杆，不允许地方政府向金融机构融资，导致一个情况，地方政府的建设资金没着落，建设停摆。能否预测一下，国家下一步会出什么样的政策，把这个问题给解决掉？**

**赵锡军：** 国务院新出一个文，禁止商业银行给地方财政提供担保，现在反而严格了。地方财政问题，政府投融资资金来源可能要和银行之间的商业贷款做比较好的分割。当然，这也可能会影响地方很多项目开展，资金来源可能会出现空缺，没有着落，有可能会影响到地方一些经济和其他方面的发展。堵了这个路以后，让地方有个比较合理的发展考虑。不能像过去一样，只考虑为官一任，把地方的政绩、经济、规模性指标做上来而不管债务问题就走了。我认为，有多大的财力办多大的事情，这可能是地方将来要遵循的一个原则。只能在政策和资金、资源允许的范围之内来进行，超越这个范围是不行的。将来中央事权和财权的分配会更加合理，中央和不同地方转移支付有不同的、更加合理的安排，我们只能期待这样。如果你非要用商业资金，别人的钱，不是自己的钱来干自己的事情，恐怕这是个大问题，你会影响到整个市场资源配置的规律，除非地方有这种能力去借钱，否则很难。

**问：中美贸易战对中国资本市场有哪些方面的影响？党的十九大尤其2018年"两会"之后，人们对中国的发展充满信心，形成新一轮的牛市行情，条件是否具备？**

**赵锡军：** 贸易战的话以前也有过，从以往的经验来看，没有说完全打破脑袋，双方毕竟有一些利益交换或别的考虑，最后还是平息下来了。从这个角度来讲，我个人也认为慢慢地通过利益交换、谈判能平息下来，但这个平息还是短暂的，双方不断地进行谈判、交流，来试探对方的底线，能获得双方都能接受的结果，求得最大公约数，在这样的情况下，能够维持最低限层面的平静、平衡。

美方主要指责的是贸易顺差问题。对美国的顺差是不是会波及汇率？有可能。因为从美国方面来讲，贸易战和汇率战是相通的，在国内的法律程序方面完全是没有障碍的。如果调查说你这个汇率是政府干预的，他直接可以用301措施制裁你，这没有任何问题。在这样的情况之下，当然我们也有一些反制的措施，双方互探，探一阵平静一阵，再起风波，再平静一阵，虽然风波的发生比以往更频繁了，但不是不可收拾，可能大家要习惯这个吵吵闹闹的过程。贸易战总比别的战好一些，不流血的战争比流血的战争要好一些。

对资本市场的影响，一开始会比较敏感，双方的措施出来以后，因为市场不习惯，没有形成积累起来的反馈机制，投资也不习惯，但经过一段时间反复几次之后可能慢慢就找到这个平衡点。至于后边有没有一劳永逸的办法，估计不可能。中美之间，即便中国经济增量超过美国还会是这个状况。

对于中国资本市场是不是牛市的环境，针对现在所处的经济结构调整，属于新旧动能转换，市场上结构性的问题，有些可能会越来越好，有些可能会越来越差，至于哪些表现得好，哪些表现得差就很难说了。如果说有牛市也是一个结构性的过程，并不是总体的普涨状况；而且在结构性的安排里，是看企业自己的努力，而不是看政府的支持。

2015 年 4 月 17 日上午，中国人民大学国际关系学院副教授、中国人民大学重阳金融研究院研究员李巍受邀于人大重阳做了题为"如何制衡美元与人民币崛起"的讲座。

# 如何制衡美元与人民币崛起

## □ 李巍

国际货币能带来巨大的经济收益和政治好处，有能力的国家都积极竞逐更高的国际货币地位。布雷顿森林体系崩溃之后，美国可以通过美元独大的国际货币地位对经济崛起国进行财富"掠夺"和政治"胁迫"。对于当下深陷"美元陷阱"的中国而言，如何实现人民币崛起呢？

## 一、如何约束美元特权是最紧要的货币问题

美元是这个时代最为核心的或占据份额最大的国际货币，但目前在全球层面上没有任何机制使得美元对全球市场，或对全世界使用美元的其他国家承担货币职责，因此如何约束美国的货币特权是当今最紧要的货币问题。

布雷顿森林体系时期，美国将美元和黄金挂钩来约束自己的权力欲望，而且美国郑重承诺，黄金和美元可以自由兑换。这个制度的设计极

大地提升了美国的信誉，并且当时只有美国有这个能力作出这个承诺，所以这是美元最终取代英镑成为国际货币的根本原因。但是布雷顿森林体系崩溃后，1971年和1973年美元两次大规模贬值，使得它关闭了黄金窗口。随着美国不断出现贸易逆差，在欧洲出现了大量过剩的美元，且不能兑换成黄金。我们现在所面临的美国货币问题，就是我们如何应对一个正在具有掠夺性，或正在对全世界通过货币杠杆进行财富提取的美国。

## 二、美元究竟有什么特权

第一，美元作为国际主要货币，可以获得大量的铸币税，如果把铸币税推到极端，就是通货膨胀税。任何一个不受约束的政府都有通过制造通货膨胀提取财富的冲动，并且美元是国际货币，这就更加方便了美国从全世界所有的美元持有者那里提取财富。

第二，它能单方面享受到参与国际经济活动的经验成本。全世界都可以直接使用美元，美元持有者可以直接使用美元在全世界从事经济活动，因此可以单方面享有参与国际经济活动的经验成本。

第三，美国作为国际货币发行方，可以享受完全独立的货币政策，而其他国家的货币政策都会受到美国的影响。这意味着我国的货币政策在今天开放的条件下并不那么自主，可能会受到美国货币政策的影响。但美国制定自己的政策时，具有完全的自主性。

更重要的是，美国可以长期维持国际借贷的地位。由于它是国际货币，所有的货币都可以回流到美国，这就是为什么穷国或者需要钱的国家反而把大量的资金借给美国。中国要建立金砖开发银行或创建亚投行，其中一个原因是我们不想把钱借给美国了，因此最根本的办法是把钱花出去。至于怎么花，亚投行是能部分解决这个问题的非常微小的方式。

第四，美元还可以通过国际货币地位对其他国家施加影响，从而满足其政治方面的诉求。

## 三、对美元的四种约束手段

国际货币拥有特权，并且全世界都要使用它，如何让它负责任，如何约束它，是我们必须面临的问题。如何约束掌握美元特权的行为体，从理论上推导有四种约束手段。

1. 废除美元作为国际货币的资格，发行一种真正意义上的世界货币。凯恩斯提出发行一种新的计算单位班柯。如果一步步做实这种计算单位，班柯很可能是一种世界货币。但是当时在美国权力阴影之下，美国单方面希望美元成为世界货币，所以最终是美元而不是班柯成为国际货币。但是经济学界中不断地涌现出关于发行世界货币的构想。1967年特别提款权在一定程度上沿着这个思路在走，但特别提款权一直没有太多地去承担它的职能，一方面有美国的原因，另一方面因为特别提款权的强大将直接削弱美元的国际货币职能。

2. 建立一个国际制度，用国际规则来约束美元。这种方案最核心的思想是，我们认可美元做国际货币，但美元必须得到全世界的监督，即让美联储成为世界的央行，但美联储必须接受整个世界的监督。这种制度的设计也是极其复杂的，一是美联储愿不愿意承担世界央行的职责，二是如何通过制度来约束一只"狮子"，三是如何让美联储成为世界的央行，同时又让美联储得到全世界的监督。

3. 复兴实物货币。通过重新复兴实物货币防止我们的财富受到政府的掠夺，即在一定程度上发挥黄金的货币职能。布雷顿森林体系崩溃后之所以出现那么多货币危机，关键的原因是得不到纸币的信誉了，而信用货币完全是建立在对政府信任之上的。但这种思路存在很多问题，由于现在的交易量和货币流通量极其巨大，生产技术不断革新，任何一种实物的价值也都在变化，并且电子货币被广泛使用，所以如果再重新复兴黄金，有人说这是历史的倒退。

4. 多元货币竞争，是制衡权力最重要的手段。在政治领域通过权力的分离、相互制衡来制衡政府或政治家的绝对权力，在货币领域也可以出现几种国际货币共同承担国际货币的职责，通过它们之间相互的制衡、约束来制约美元霸权，使得人类有选择的权力。由于我们没有一个世界政府，所以需要建立世界级的反垄断机构，来破除整个国际市场上的垄断行为。现在最核心的垄断行为就是货币的垄断行为，目前最可行的思路是构建一个多元货币相互竞争的货币格局，当某种货币的信誉出现了问题，可以很容易地转投其他币种，这就是为什么后来出现了欧元以及人民币要成为国际货币，和美元、欧元三足鼎立的原因。但过多的货币竞争同样会使经济交易出现问题，货币币种太多，会出现新的关税和交易成本。

## 四、各国货币盛衰的实证案例

通过一些重要国家货币盛衰的实证案例，我们可以看到一个国家的经济实力、金融实力以及政治力量，如何在货币成为国际主要货币的过程中发挥作用。

1. 英镑的衰落。英镑作为一个主要的国际货币慢慢衰弱，除了经济衰弱的原因外，最主要是因为第二次世界大战和美国领导的非殖民化运动破坏了支撑英镑体系的殖民体系和政治基础。美国之所以领导非殖民化运动，最主要的就是破坏英镑的政治基础，提升美元地位。英国的殖民体系崩溃了，英镑也随之退却了，所以英镑的衰弱与它的政治基础被破坏有直接的关系。

2. 美元之所以能够长期持续，除了与美国世界第一的经济实力有关外，还因为美国在全球政治上的霸权地位没有遭到挑战，所以美元的持续与其稳定的国际政治基础息息相关。这个稳定的国际政治体系包括两个方面，一是国际制度体系，布雷顿森林体系确保了在20世纪70年代以前美元稳定的政治基础；二是虽然布雷顿森林体系崩溃了，但美元已经在国际市场上取得了强大的路径依赖，并且在货币领域表现得极其强大。不仅如此，美国还建立了非常强大的货币伙伴网络，其中有关键时期支持美元的重要国家，主要是德国、日本和沙特。它们在美元出现问题的时候，能够旗帜鲜明地表示对美元提供支持。

3. 日元的失败。之所以要解释日本，是因为我们需要吸取日本的经验教训，所以我们要深入地研究日本的案例。日本长期作为世界第二大经济体，日元却没有成功成为国际货币的原因：第一，与日本国内的错误的货币政策息息相关；第二，日本缺乏像美国那样忠实支持它的货币伙伴；第三，缺乏国际制度的保护。日本作为东亚的领导者，却一直缺乏在东亚进行制度建设的能力，使东亚的经济整合完全在市场的力量驱动之下。

4. 欧元的成败。欧元的命运还有很大的不确定性。欧元成功的原因，第一是欧元不是蒙代尔最优货币区自然形成的结果，它的出现本身是一项政治工程、外交工程。第二是建立了支持欧元的复杂制度架构，使之成为支撑整个欧元在欧洲流通并不断扩张的重要的政治基础。

但为什么欧元今天会出现问题，可以从政治上得到解释。因为它有制度体系作用的政治基础，但这个制度体系存在先天的缺陷，还不够坚实、缺乏强制力，主要原因是它对各个国家，特别是"笨猪五国"①缺少强有力的财政上的监督。所以，欧元问题不只是经济因素，还是一个政治问题。

---

① "笨猪五国"，也叫"群猪五国"或者"欧猪五国"，是国际债券分析家、学者和国际经济界媒体对欧洲五个主权债券信用评级较低的经济体的贬称。这个称呼涵盖葡萄牙、意大利、爱尔兰、希腊、西班牙。

## 五、人民币崛起的大幕

第一，过去 30 年中，中国对外经济政策的两项核心内容，一是在贸易政策上采取出口导向型，以各种方式促进出口。二是在投资政策上积极鼓励外行投资。

要良好地执行这两项对外经济政策，就涉及货币问题。我国在执行贸易时选择了支持美元的货币政策，在中国的对外经济活动当中使用美元，因为只有使用美元，把人民币和美元挂钩，才能更方便地获得美国市场。

由于中美的汇率是稳定的，所以我们对美国的出口要比其他国家更容易。为了服务于我们的贸易政策和投资政策，我们采取了搭乘美元便车的政策，在各个方面对人民币的自由兑换进行严厉的管制。因为我们认为美元是更加稳定、有信誉的，所以我们不仅不鼓励人民币发挥国际货币的职能，反而约束人民币发挥国际货币的职能，采取以美元作为核心的国际货币。

第二，"便车不便"。2008 年之后，之所以提出人民币国际化，是因为我们发现这个便车不便了。首先会带来重要的安全威胁，美中两国在政治、安全上是战略竞争关系，但我国又大规模地使用对手提供的货币，所以这在安全上是极大的悖论，即"美元陷阱"。我国以前享受了很多便车便利的同时，也承担了很多经济成本。不仅要承担巨大的汇率风险，更重要的是如何确保我国巨大的美元资产保值增值。

现在中国是世界第二大国，我们也有自己的权力和诉求。今天我国在国际上的权力地位，如果没有货币作为支撑，就不能成为一个受人尊敬的大国。在这种情况下，人民币成为国际货币已经成为中国崛起战略中最核心的内容，即怎样在国际市场上更多地使用人民币，而不仅仅使人民币成为在国际线内流动的货币。

## 六、如何夯实人民币崛起的国际政治基础

从外交和国际层次上，夯实人民币崛起的国际政治基础，为人民币搭建一个货币合作的伙伴关系网络。政府间的货币伙伴的内容，主要包括四个方面。

第一，签订货币互换伙伴，这是亚投行最重要的一件事，最新的数据大概有30多个国家进行不同层次的货币互换。

第二，本地结算，我们和越来越多的国家开展以人民币为主的本地结算。用什么样的货币作为结算，虽然是一种私人行为、企业行为，但是我国在政治上、外交上为本币结算（人民币）提供了各种各样的便利。

第三，货币交易伙伴，以前人民币除了跟美元之外，和其他货币都不可以直接交易，都需要以美元作为中介。现在我们推动了大约能够和十个国家货币直接交易或兑换，也就是我们在兑换其他币种时不再需要依靠美元作为中介币种。

第四，货币清算伙伴，即和其他国家建立清算机制。因为随着人民币在海外的使用量越来越大，人民币越来越需要清算。通过观察发现，韩国处于中国整个货币网络最核心的位置，所以这就是韩国在今天中国的外交中极其重要的原因。有五个国家很可能担任中国在今后人民币国际化中的支点国家，即韩国、英国、新加坡、俄罗斯、阿联酋。把这五个国家作为人民币崛起的货币支点国家的原因，可以从它对人民币支持的能力，以及对人民币支持的意愿方面分析。

在支持能力方面，有四个变价：一是经济规模；二是否是区域的政治枢纽或者区域的外交枢纽；三是否拥有一个成熟的金融中心，能够给人民币流通和交易提供各种便利；四是否是某种大宗商品的出口国，如果大宗商品出口国的政府支持大宗商品的出口以人民币计价，那对人民币的支持是很重要的。

在支持意愿方面，一是经济收益，二是战略意愿。经济收益，即支持人民币的过程中能够得到多少经济好处；战略意愿，即它跟中国在战略上是否有合作关系。通过这样的分类发现，这五个国家很可能在人民币国际化的过程当中发挥非常重要的作用。

## 七、人民币崛起与货币相关的制度基础

第一，中国政府正在努力推动全球层面上的国际金融和货币制度的改革，简称改制。

1. 中国努力推动G20取代G7。我们努力推动G20取代G7，主要让中国和新兴国家能够争取更多的国际话语权，这是国际金融治理，或国际经济治理最重要的一次制度升级或变革。

2. 推动IMF和世界银行既有机构的改革，反映中国货币地位的崛起。

3. 推动提升SDR的国际货币职能，弱化美元作为首要储备货币的职能。

2009年周小川发表文章，希望能够让特别提款权在国际货币体系当中发挥更大的作用，弱化美元。因为SDR是一种储备机制，是货币篮子。所以提升SDR首要的国际货币的职能，意味着弱化美元作为首要储备货币的职能。但是这些在全球层面上的改制基本上都失败了。比如G20取代G7，我们需要研究如何让G20成为强有力的国际机制。推动既有金融机构的改革，虽然在多伦多峰会上已经做出改革，但这个改革一直没有落实，美国国会一直拒绝批准，所以这次改革没有成功。目前仍然在讨论提升SDR的国际货币职能，虽然SDR的规模相对扩大一些，但是它只能用于中央政府层次，不能用于私人层次之间的交易和贸易活动。所以，SDR国际货币的职能仍然需要改革。接下来，如何让SDR真

正实现世界货币的理想，还有非常漫长的道路要走。

第二，虽然中国在努力推动全球层面上的改革时遭到了很多的阻挠，但是中国在区域层面上的建制努力收获了一些成果。

1. 强化金砖机制货币合作，包括建立金砖开发银行和金砖外汇储备机制。这实际上是对美国施加的压力，如果 IMF 和世界银行再不改革，就要建立新的两个机构，开发银行和应急外汇储备机制，职能分别针对世界银行和 IMF。

2. 升级"10+3"机制货币合作，主要是清迈倡议的多边化。1997年金融危机后，由于美国领导的 IMF 对亚洲国家的贷款附加了苛刻的条件，但日本提议建立的 AMF 失败了，所以我们在 2001 年提出清迈倡议，用双边货币互换的方式解决流动性的危机问题。后来我国把双边层次上的清迈倡议多边化，建立东亚的外汇储备库，意味着以后亚洲国家出现了金融风险可以直接找东亚外汇储备库。启动东亚外汇储备库，意味着东亚金融体系相对更加独立。

3. 推动上合组织货币合作。尽管我们遭到俄罗斯多方的反对，但是我们仍然希望在上海组织合作框架下添加金融和货币合作的内容。

4. 主导亚投行的建设。虽然在一段时间内我们还会使用美元，但是未来亚投行的出现为使用人民币、提供人民币的贷款提供了一种新的制度基础。

## 八、人民币国际化是逆风还是顺风

人民币国际化是逆风还是顺风的问题，可以看日本的案例。如今的中国和20世纪80年代的美国、日本很像，但是由于日本没有给日元的国际扩张提供一个坚实的基础，没有培育对路径的依赖，所以日元的国际地位只能随着市场环境的变化而变化。这对我国在美元重新升值、美元信誉重新恢复的情况下，如何处理跟美国之间的关系提供了启示。其实人民币和美元不是纯粹意义上的经济上的竞争，更需要一些战略上的架构或者政治上的伙伴来提供支持。

这次亚投行的建立在中国的外交和金融上都有分水岭的意义，我国和美国不断地争夺盟友，实际上这既是两个国家间的一场金融游戏，也是一场外交游戏。希望两个问题能够联系在一起，这两方面的竞争，首先是经济竞争，其次是两个国家在政治上争夺领导能力的竞争。

　　2018 年全国"两会"召开期间，中国人民大学重阳金融研究院(人大重阳)特推出"对话人大名教授——'两会'解读系列讲座"。3 月 12 日晚第二讲由中国人民大学国际关系学院副院长翟东升主讲。翟东升老师从看空人民币的五大常见错误逻辑讲起，深入浅出地分析了人民币升值的原因，并提出 2021 年人民币汇率将升值到 5.5 的预测。讲座后他还回答了读者不少专业问题。

# 看空人民币的人错在哪里

□ 翟东升

## 一、看空人民币的五大常见逻辑

### 1. 中国经济减速将导致汇率贬值

　　很多人认为未来中国经济减速，而美国经济将会维持较好的增速，中国相对美国经济增速会收敛，人民币会贬值。这个逻辑是错的，因为并没有真实的数据或者说得通的逻辑能够论证，为什么一个国家的经济减速会导致汇率贬值或经济加速会导致汇率升值，两者不相干。

### 2. 国内房价贵、商品贵，资产泡沫随时会破灭，所以人民币会贬值

　　我们经常听到中国保房价还是保汇率的问题，说中国房价会影响到

银行的金融资产，影响到金融稳定。所以，如果中国政府允许房价下跌，整个社会伤害面太大。持这个观点的人会问，中国政府到底会允许房价下跌还是汇率下跌？这个逻辑本身就不成立，它里面隐含着一个假设：长期来看，不同国家的资产价格会趋同。只有在这种前提下，它的逻辑才可能成立。但事实上你见过世界上的资产价格会趋同吗？越南的房价和曼哈顿的房价会趋同吗？上海的房价和博茨瓦纳的房价会趋同吗？不会。所以，所谓中国政府保房价还是保汇率，这就是一个伪命题，根本不成立。

### 3. 中国外企在套利，中国制造业完蛋了，中国将出现大规模失业

我们可能听说过，广东的、日资的、韩资的或者欧资的制造业企业关门，3000名工人下岗。有人说，秋天来了，下一波中国经济要完蛋了。这些信息是真的还是假的？首先这些关门的故事是真的，也的确在发生。但这会不会导致大规模失业，会不会导致"中国政府必须让人民币大幅贬值来拯救企业"？

从图1中可以看到两个生育高峰，分别在1963—1971年出生的人和1985—1989年出生的人，可能有不少，生在人口高峰意味着一辈子压力更大，买什么都贵，卖什么都便宜。为什么呢？主要怪父母，因为父母就是在1965—1970年出生的，他们那一代是中华民族人口历史上前所未有的巅峰时刻，以后也不会再有。巅峰时刻那代人中间，读大学的很少，做工人、做老板的很少，多数是体力劳动者。这个群体到了48岁之后就要陆续退出劳动市场，尤其从女性开始。谁来填补这个空缺？现在年满18周岁，就是2000年出生的人，哪怕找不到工作也不愿意进富士康或海底捞。所以，扣掉一部分家里条件比较好或者孩子比较懒不愿意出来打工种种原因，真正能够填补空缺的就700万人。想象一下，随着时间推移，美国一年有2000多万人撤出低端劳动力市场，700来万人填补空缺，换言之，即便中国经济增速为零，我们不创造新的就业岗位，这样的前提下，每年的低端劳动力工厂仍然招不到人。为什么？不

是现在这些孩子懒，不愿意干活，是他们的爹妈没有生更多的孩子。东南亚的确有工厂在关门，这是好事，就是市场在调整，适应这个基本面变化。换言之，我们现在的就业压力已经出现变化了，1949—2010年，我们的政权一直面对一种巨大的政治经济压力，在城市里创造足够多的非农就业，来吸收一代又一代的年轻人，当你无法吸收这么多年轻人时，什么后果？社会动荡的原因是什么？我上课时经常说"三高"，不是高血压、高血脂、高血糖，而是"国力三高"，年轻人口占比达到高峰、高通胀、高失业。这三个因素同时出现的时候，这个社会一定会乱。1968年的欧洲北美，20世纪80年代后期1987年、1989年的中国社会也是如此，也包括2011年开始的阿拉伯之春。

现在，中国地方政府面临方方面面压力时，拥有一种前所未有的奢侈的政策空间，即允许经济增速往下放。换言之，汇率强一些，汇率水平还高一点没有关系。低端制造业死掉一些工厂没有什么关系，不会出现大规模崩溃。

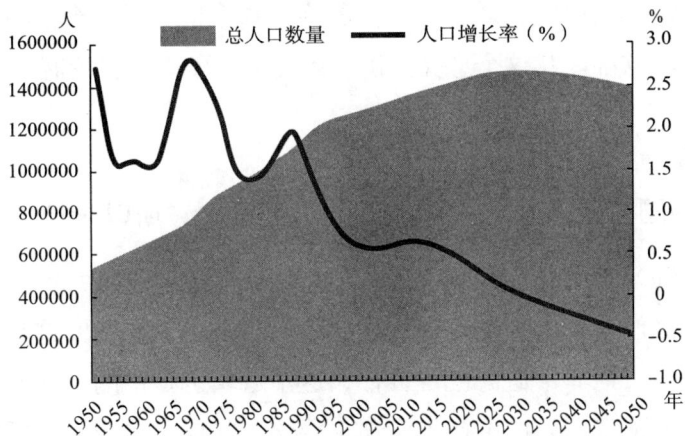

图1　中国人口增长趋势图

## 4. 中国银行呆坏账多，中国（地方）政府债务巨大，所以将出现汇率暴跌

这个观点也是错的。首先，中国总债务率在全世界并不是很高。全

世界债务率最高的是日本，美国是107%，而且只算联邦政府。中国中央政府债务率非常低，相对高的是地方政府。即便把地方政府和中央政府总债务率全部加总起来，和日本、欧洲、美国联邦政府及中央政府债务相比也是偏低的。这个事实不成立。债务率和汇率之间有没有关系？还真有关系。

我的研究是基于60个国家的汇率，为什么不是190多个？因为世界绝大部分小国的汇率没有意义。真正有意义的汇率大概60来个，40年的波动数据，20世纪70年代到现在，为什么没有20世纪60年代的，因为布雷顿森林体系之后，美元和黄金挂钩，其他货币和美元挂钩。

我们看事实会发现，债务、汇率和经济增速是不相关的，和资产价格波动不相关，和债务增长率相关，是正相关；换言之，债务率越大，汇率会越强，虽然不是特别强的相关性，总体方向是债务越大，汇率越强，我开始以为数据做错了，验证一遍没有错。我请教了几位比我水平高的人，他们说什么人能够借到钱？是有信用的人，大家觉得你经济实力很强，才会把钱借给你。这个世界上谁会借很多钱，日本、美国、欧洲。从这个意义上讲，人民币债务率或汇率还有进一步发展空间。

## 5. 中国钞票印得太多了，$M_2$已经是天量，所以一定会贬值

美国GDP比中国高60%，$M_2$又是美国的百分之一百多，你钱印得多，蛋糕比他小，水加得多，所以这个蛋糕是不是要稀？这听起来非常能够打动人，但非常遗憾地告诉你，这个逻辑也是错的。我们不讨论卖自然资源的国家，只讨论初步实现工业化、靠自己的能力吃饭的国家。把60个国家的货币和汇率、基本面、$M_2$进行计算，会发现对那些国家来讲，$M_2$钞票印得再多，和你的汇率也是不相干的。这超出我们的常识和普通人的想象，但事实就是事实。

针对刚才那五个命题我们可以举出一个案例——日元兑美元汇率走势（见图2）。

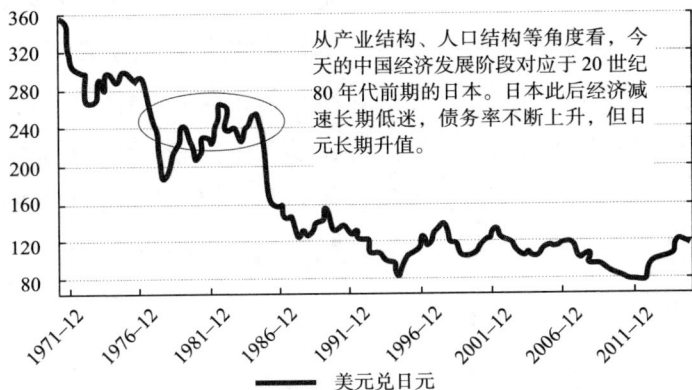

从产业结构、人口结构等角度看，今天的中国经济发展阶段对应于20世纪80年代前期的日本。日本此后经济减速长期低迷，债务率不断上升，但日元长期升值。

**图2　日元兑美元汇率走势图**

1971年布雷顿森林体系结束，日元兑美元的走势一路往下，说明日元不断地上涨，1美元最初能兑360日元，到现在只能兑100多日元。日元最高峰的时候是80，1美元最多能兑80日元，涨得非常凶。从产业结构、人口结构等角度看，今天的中国经济发展阶段对应于20世纪80年代前期的日本。日本此后经济增速长期低迷，债务率不断上升，但日元是长期升值的。从产业经济和人口结构来讲，图2中圈出来的地方是日本经济相当于我们现在的时候。

假如说这时候有一位经济学家、金融专家或对冲基金经理告诉你："相信我，我有个水晶球可以看到未来20、30年日本经济前景。根据这个水晶球，我已经清楚了，日本会陷入老龄化，经济会长期低迷，债务率长期升高，成为世界上最高的债务率国家。只要过几年，日本房地产价格会暴跌，1992年任何一天卖出房子都是对的。电视机、照相机买卖都会被韩国人技术进步所打败，最后我们的工厂都会搬到国外去。"他讲的是不是实话？都对。但是不妨碍日元一路升值，也就是说，前面讲的看空者的长线逻辑根本就是方向性错误，整个方向就是错的，他们解释不了日元的事实。

有人跟我说，为什么要举出日本这个特例呢？由于它的特殊因素才导致这种奇怪的现象，你能不能用其他国家解释？好，1979年到现在全世界60多个国家的货币；横轴60种货币兑美元的汇率波动，有贬得太厉害的，比如巴西雷亚尔和秘鲁比索，这两种货币是什么概念呢？1979年你拥有价值100万美元的货币到现在值2美元。什么外汇靠谱？日元最强势，1979年到现在全世界最强势的是日元，然后是瑞士法郎、新加坡元、新台币，欧元也还可以，有时候涨有时候跌，总体长期是跟得住美元的，新西兰也可以，还有其他很多货币都垮了（见图3）。

## 二、到底是什么驱动一种货币长期波动

经过我们量化研究发现，技术进步或全要素生产力提升，对于汇率有一定的解释力，但不多。更大的解释力是什么呢？人口结构，它有表层的直接作用在这上面的因素，也有底层的因素。我们做研究的时候要努力挖掘它深层次的力量，很难改变的力量，就是人口。人口老化对汇率意味着什么？意味着汇率强。你会发现这样的汇率适用在日本、新加坡等，强势货币的国家就是这样，人口老得比美国快。汇率怎么就比美国强呢？供给这一侧，如果你的技术进步要跑得比美国更快，美国已经是90分了，它要从90分跑到100分跑得比较慢，虽然你的技术水平没赶上它，但进步比它快。更厉害的是需求侧，什么东西导致需求萎靡？老龄化。

当一个社会老龄化，老人占比越来越高的时候，这个社会对各种服务需求在下降。这种情况下，假设美国人口结构总和收益率都保持稳定，所以它的价格水平比较稳定。凡是生孩子比美国少的经济体通缩都更厉害，欧洲、日本、韩国、新加坡、中国香港都是这样。为什么会这样？老得快。老龄化对生产没有多大影响，生产更快了，质量

日本
瑞士
新加坡
中国台湾
丹麦
阿联酋
卡塔尔
吉布提
苏加勒比元
厄瓜多尔
巴拿马
加拿大
欧元区
沙特阿拉伯
新西兰
瓦努阿图
挪威
英国
澳大利亚
中国香港
泰国
马来西亚
瑞典
西非法郎
韩国
摩洛哥
塞舌尔
佛得角
中国
突尼斯
利比亚
孟加拉国
菲律宾
毛里塔尼亚
斯里兰卡
不丹
印度
匈牙利
卢旺达
尼日尔
海地
埃及
巴基斯坦
洪都拉斯
肯尼亚
柬埔寨
南非
智利
布隆迪
缅甸
印度尼西亚
冰岛
阿尔及利亚
冈比亚
阿根廷
阿斯达黎加
巴拉圭
多米尼加
哥伦比亚
马达加斯加
牙买加
坦桑尼亚
蒙古国
尼日利亚
几内亚
伊朗
黎巴嫩
以色列
巴基斯坦
老挝
墨西哥
索马里
波兰
塔吉克斯坦
越南
几内亚比召
莫桑比克
罗马尼亚
加纳
乌拉圭
俄罗斯
委内瑞拉
伊拉克
塞多利亚
乌干达
苏丹
土耳其
巴西
秘鲁

-2.0　0.0　2.0　4.0　6.0　8.0　10.0　12.0　14.0　货币贬值指数

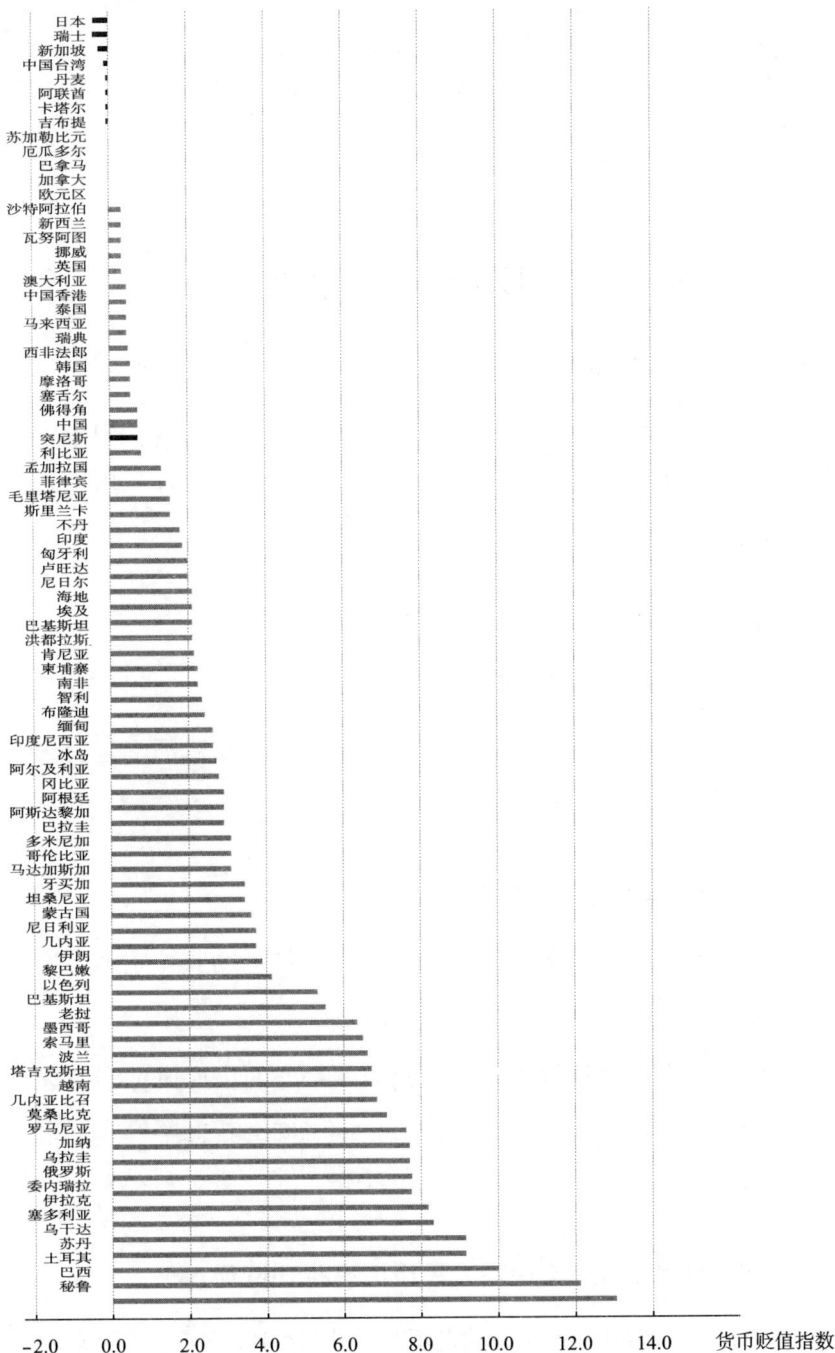

中国在哪儿呢？1994年之后我们比日元还强势。它背后体现了什么？如果你用一个国家或少数几个国家去分析时，经常会被个体因素所误导，当你用60个国家的数据，40年的数据进行分析时会发现带有普遍性、规律性的东西。

**图3　全球化时代（1979年至今）谁的货币靠谱**

更好了，成本更低了，但他不消费。所以，老龄化这一单一要素可以解释62%以上汇率的强弱。

## 三、哪些表面不相关的因素会驱动汇率

### （一）计生政策改革

我这个分析框架之下，比如计生政策，习近平总书记提出全面放开二胎，这其实使得人民币汇率长期来看会变得相对弱一些，本来可以升得更快，但全面放开二胎，这个曲线就会上来一点点，不会下降得那么快。

### （二）机器人换人补贴

机器人换人一半的成本国家给补贴。这些做法对汇率是有影响的，使得升值更快。

### （三）绿水青山环保督查

这对汇率是有影响的，说明均衡的可贸易品的通缩压力会慢一点，因为你的生产成本会提高。

同样的逻辑，从这样的供给和需求两个方面去探讨你会发现有许多表面不相干的东西真正能够激发活力，而表面上和汇率好像很相关，像经济增速、资产价格、$M_2$，最后发现不相干。

### （四）预计2021年中美人民币汇率将升值到5.5

事实上，从2012年以来的美元强势周期中，美元对全球货币在升值，其他货币在贬值，人民币是最抗跌的货币。

## 四、关于人民币兑美元汇率的观点

1.未来半年，随着美元进一步加息和缩表，人民币会进入震荡阶段，但不会有2015—2016年的资本外逃。

2.中长期看，人民币面临升值压力，尤其是美元回归长期贬值趋势后。

3.如果中国能向外部主权和机构投资者提供适当对冲手段，巨量资本可能涌入中国带来升值压力。

4.对制造业来讲，不要指望汇率长期贬值，也不要指望减税，还是要靠产业链升级、技术进步、品牌建设来生存发展。

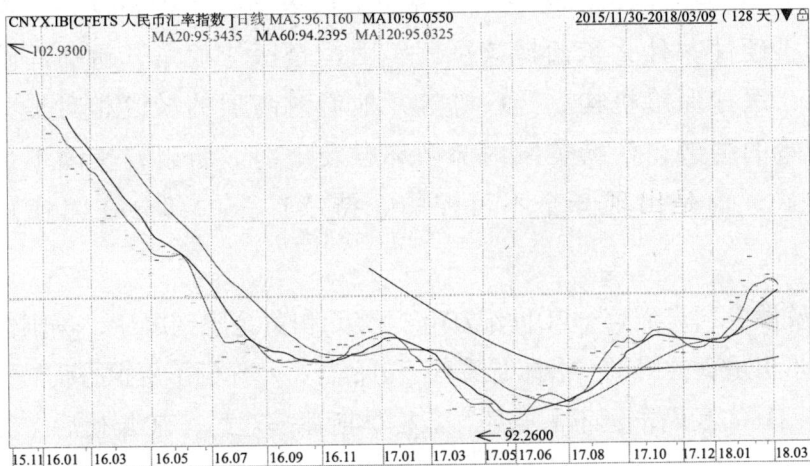

图4　2015年汇改之后的人民币CFET指数

图4是汇改后人民币CFET指数的走势情况。驱动2017年人民币反转的最大结构性动力是美元的贬值。

要想判断未来3—5年美元加息还是减息，不要看通胀或就业。这两个指标可以向各个方向加以解读。

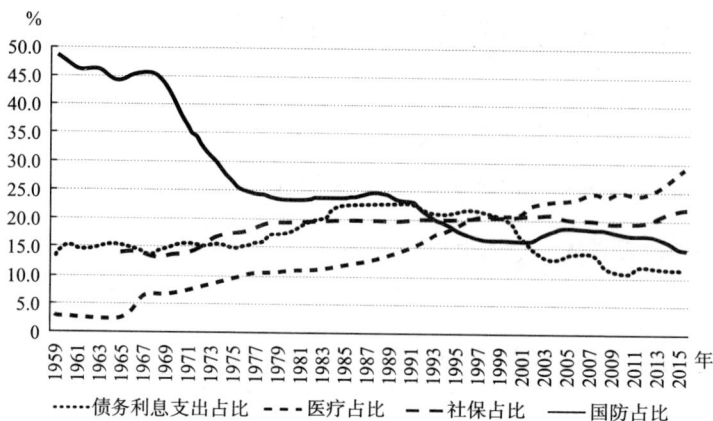

**图5 美国联邦政府的主要支出**

从图5我们可以看到联邦政府主要支出。美国国防支出占比从20世纪60年代开始迅速下跌，说明虽然美国打了很多仗，但没有大仗、硬仗。什么东西持续挤压美国？是医疗战略，包括医院、医生、医疗保险机构、药厂等等，他们对高层的游说和对美国医保政策的绑架，使得美国内部循环愈发虚弱。所以，美国不是穷兵黩武，而是出现一个不可控的、持续扩张的部分在消耗财政资源。

就债务利息而言，20世纪70年代美元和黄金脱钩之后，美国借的债就不再是真的债了。格林斯潘有一句名言，"你们不用担心我们借太多债，其实我们永远不需要还"。格林斯潘是对的，70年代后，美国国债可以永不违约。为什么？如果中国卖出1万亿美元国债，美联储只要把利率砸上去、扩大货币基础，买下来就行了。70年代前债务率是持续下跌的，美国在努力还债；70年代后它却在努力扩张债务率，白占便宜（见图6）。

图6 美国名义 GDP 增长率压制了联邦政府利息支出的增长空间

但是债务可以真正无限扩张吗？实际上，债务率上升的斜率受美国名义GDP增速的控制。上边的两条曲线是名义GDP增速，下边的是利息开支占GDP比例，这两者间的关系就是美国的生命线，它要动员全球的资本来加杠杆。这个杠杆的核心是，现金流要能够支付利息支出，否则杠杆就会断裂崩盘。长期来看，债务率持续上升，但每年支出的利息是下降的，靠的正是减息。1997年到现在，美国政府债务存量扩大了好多倍，但每年利息稳定在4000亿~5000亿美元，使得保住杠杆的成本是稳定的。

这个事关系到我们对未来2~3年美国利息加减的判断。2015—2016年美联储整天说要加息却没加，因为耶伦是民主党人，她在保奥巴马、希拉里，结果没保住，特朗普上台之后却加了四次息，中间来了一次退出量化宽松，目的就在于捣乱。现在耶伦换成了特朗普手下的鲍威尔，自然是为了保护他自己。特朗普已经欠了25万亿美元，他还要加息付给外国人，这自然不是爱国主义的表现。对特朗普来说，重要的是中期选举前把利率控制住，让经济继续向好，制造业就业重新回归，这才是鲍威尔干的事。我们看待这个问题时，除了通胀和就业，还要看背后的政治游戏。所以我判断，鲍威尔一定会推迟加息；2018年不会加很多，加1次0.5%已经非常给面子了。股市如果波动他就不加息，一旦经济下调、爆发贸易战，减息都有可能。

预计2021年美元指数可能在65，人民币对美元可能在5.5：1。美元指数最高是103，现在跌到90，我认为2021年跌到65左右很正常，也符合特朗普低利息、弱美元、帮助本土制造业回归的思路。

## 五、未来推高人民币汇率的因素

1. 人民币国际化。最近人民银行在研究虚拟货币、区块链，研究如何借助货币数字化过程弯道超车。人民币正在和黄金逐步挂钩，中东商人把石油卖到中国，可以获得人民币并换回黄金。黄金自1997年至今，不加杠杆也有7%~8%的复合收益率，远高于其他正常投资，长期看比美元靠谱。

2. 美元指数下行。这是结构性的驱动力。

3. 中国产业升级。一方面我们的服装、鞋袜、箱包正在被越南所取代，另一方面汽车行业现在逐步改用电机、电池、电控，中国很可能在汽车这样的巨大行业里成为全球霸主。总体来看，中国一方面在将老产业慢慢排出去，另一方面新兴高附加值行业正在被我们抢到。这样，我们在保持每年3000亿~5000亿美元贸易盈余的同时，产业逐渐升级，人民币还保持温和上涨。

## 六、教训和政策建议

### 1. 对企业家

（1）不要挣不该挣的钱。原先明明是生产制造企业家，为什么要到货币市场和国际金融玩家对赌？沿海一带很多企业家就是把大量的杠杆和自己的命运赌到了一个不太懂的东西上。

（2）不要选择不恰当的对手盘，也就是不要和党做对手。20世纪以来，凡是和中共作对的都没有成功。更重要的是，中国的企业家利用体制来发财，结果吃饱了还要砸锅，这就不好了。

（3）不要相信流行的金融观点。金融机构观点在市场上，尤其到关键时刻往往是错的，全球金融利益和风险的分布一定符合"风险给大众，收益归少数"的格局。

（4）进出口企业应努力实现经营中的汇率中性。

### 2. 对政府

（1）汇率自信很重要。对经济、金融的自信，本质上是对我们中国人、对产业、对科技能力的自信。

（2）应该利用机会藏汇于民，推进人民币国际化。4万亿美元外汇储备，现在好不容易减到3万亿美元，接下来要想办法减到2万亿美元甚至1万亿美元，持有黄金也可以，但不要拿任何国家的外汇。作为最大的工业国、出口国，最大的贸易盈利国，为什么要持有其他国家的外汇呢？而且中国老龄化比别人快，这种情况下为什么要留别人的钱？

## 七、互动环节

**问：** 翟教授好，我是华夏银行的，我想问一下关于美元汇率和石油的关系，美元贬值和大众商品的关系。谢谢！

**翟东升：** 你刚才问的是CRB指数，即25种大宗商品加权平均价。我个人认为，CRB指数长期来看是不断上涨的。什么原因？工业化不断普及，人均日常消费资源就会越来越多。全球货币，包括日元、美元、欧元、英镑、人民币的基础在不断扩张。货币支出持续扩张的背景下，CRB指数长期来看是震荡上行的。

2011年CRB指数经历了一次大跌，到2015年见底，现在又温和反弹，我认为现在处于新的上涨早期，能涨多高还需观察。上次CRB指数的暴涨是占人口百分之十几的大国在快速工业化，大规模的基础设施建设驱动大宗商品价格上涨。如果"一带一路"能够大规模铺开，带动全世界外围的一部分人口对外融资完成工业化，那么CRB指数将会有较大幅度的上涨，否则它会弱势震荡，但温和向上。这个过程中会有品种的差异化，我不太看好传统能源，尤其是煤炭，相对比较好的是天然气，这与技术进步有关。

**问：**翟教授你好，最近出现了一系列金融监管措施，加上量化宽松政策已经进入尾声，势必会减少资金的流动性。我的问题是，上述情况会对人民币资产造成哪些影响？

**翟东升：**量化宽松是耶伦干的，去年、前年已经体现在美元指数和人民币汇率波动中，甚至对未来的影响已经提前透支一部分了。如果在2018年后半段有经济下滑倾向，美元反过来要减息。这是重阳基金的裴国根师兄的著名逻辑，即驱动价格的不是事态，是对事态预判和真实事态之间的预期差。这样来看，假如经济下滑真的出现，美元指数净下跌，那么人民币会迎来进一步上涨压力。

**问：**我国资本管制相对严厉，按照您的逻辑，将来人民币还要升值，那未来我国会不会随着人民币升值放开资本管制？

**翟东升：**已经开始了，在实践中适当放开。我认为现在是非常好的时机，因为要服务"一带一路"倡议，就要现在适当放开甚至鼓励民营资本走出去。

**问：**翟教授您好。我有两个问题，第一，人民币汇率有很多管制措施，那从机制上讲，汇率市场化程度如何？第二，特朗普上台前，中国打一些提前量，让人民币贬值，特朗普上台后，有人认为这轮升值是给特朗普面子，慢慢升；面对接下来可能的贸易战，人民币汇率会是什么走势？

**翟东升：** 先说第二个问题，这次人民币升值肯定不是为了给特朗普面子。分开看，人民币升值，尤其这波升值和资本管制、美元下跌有关系，是政府非常乐意的，显示出我们经济是可以稳定的。第二波又升值，是什么原因导致的？大量民营企业甚至国有企业实际做空人民币，他们积累了大量的人民币负债，积累大量美元资产头寸，同时赔两笔钱，第一笔钱是息差，人民币负债资金成本价格比较贵，8%~10%很正常，现在有些金融机构融资成本已经飙到12%~15%，这是非常惨烈的去杠杆。再就是美元资产，即便是最理想的情况，买美国的国债收益率是百分之一点多、二点多，有个百分之几的息差，还有汇差，使得每年要赔百分之十几，这还没考虑杠杆。

我认为，人民币汇率市场化程度会越来越强，人民银行整体政策方向是推动放开的。当然，大家夺路而逃时，我们把门关上，不是不让你走，而是怕你们踩踏、挤压，所以让你们排好队，有序离开。将来，今天讲座后半段所预言的事态发生，我们又会反向关门，严防热钱涌进来，怕你进来太快太猛，短期形成扰动。总体来看，这种市场化改革、小步快走，必要的时候巩固胜利果实的策略是恰当的。

**问：** 老师您好！刚才我听您提到美国国债，我想问一下这十年国债和汇率有什么关系吗？

**翟东升：** 你问的是个非常好的学术问题。我的书把20世纪60年代左翼理论家的"中心外围关系"进一步深化了，其中，中心分化成正常的发达国家（如日本、欧洲、韩国）和非正常的美国（它从正常的发达国家变成了逆差国）。外围国家绝大部分还是靠卖自然资源，但有部分国家实现了工业化。这个结构在我的书里称为新的中心外围结构，由中心向外围，总体的曲线是国债收益率曲线。你刚才问到的十年期国债率，隔夜拆借到十年期、三十年期，十年期远端国债率的波动代表整个全球金融市场对风险的定价，当它上升时表明经济繁荣，下跌时表明经济相对萧条。另外一个利率，联储可以控制的短端利率，往上加就会扁平化，往下减就变成陡峭。而全球宏观对冲的根本逻辑就是结构性，在时间和空间上，美元信用体系由于种种原因一会儿拥抱风险，一会儿逃避风险，形成的曲线形状、高低会有陡峭和扁平之分。所以，它当然对汇率具有结构性、根本性的影响。

中国人民大学重阳金融研究院在 2018 年 5 月继续推出对话人大名教授系列讲座，5 月 8 日晚由中国人民大学经济学院副院长王晋斌教授主讲。他在此次讲座中主要围绕世界经济面临的两个最核心的问题，即再平衡的调整和双周期的不同步来展开，并回答了 2018 年中美作为贸易大国之间的博弈会造成怎样的影响，以及未来将如何发展等问题。

# 中美贸易不平衡的调整成本将有多大

□ 王晋斌

当前世界经济面临两个最核心的问题，或者未来经济增长过程当中面临的两个不确定性：一个是再平衡的调整，另外一个就是双周期（经济周期和金融周期）的不同步。

## 一、再平衡

什么叫再平衡？一个国家会出现盈余或赤字，如一国进出口带来的顺逆差，进而产生不平衡。而不平衡会带来很多问题，比如债务危机或货币贬值、通胀。所以，我们就需要对其进行调整，这就是再平衡。

首先希望通过图1告诉大家两个信息。

■ 世界经济（经常账户 /GDP）

数据来源：WEO(2018)。

**图 1　世界经济发展**

第一，全球的经常账户，主要是贸易账户，总是不平衡的。正值是顺差，负值是逆差。第二，在2007年以前的20年，世界经济增长是相当不错的，也就是在经济周期里面一个的"大缓和"时期。在顺差方面，大家看到是次贷危机以后的情况，经济增长的速度明显比逆差时期要慢，这说明如果大家都不喜欢借钱花，都有盈余或者说攒钱的话，经济增长速度一定会慢下来。

## （一）外部不平衡

经济在不平衡过程当中很容易放缓，甚至带来很多问题，因此就需要调整不平衡，但是调整的成本有时候是非常高的。为了看清楚调整成本的高低，我们举四个时期的例子。

第一，日本80年代的渐进调法。1985年9月，美国拉着英国、德国等国（G5）与日本谈判，最后达成广场协议。广场协议的签订是因为当时美国的贸易逆差有40%来自日本，所以为了解决逆差，美国希望日元能够升值。在谈判中，迫于美国要对美元主动贬值的威胁，日本不得不将日元升值。此后三年，美元相对日元贬值了一半，这一贬值刺激了美国的出口，极大地改善了美国的经常账户。

但是日本的问题在于，为了维持日元的升值预期，在国际开放的资本市场上，日本必须要维持低利率的预期，低利率及其预期使得泡沫大增，资产价值、股指和房价也变得很高。所以，到1990年泡沫破灭之后，日本经济走向衰退，后来被称为"失去的十年"，甚至"失去的二十年"，足见其高昂的调整成本。

但是这个调整为什么是渐进的调整？原因有两个：一是利益主体明确，贸易不平衡主要发生在日美之间；二是当时全球金融市场还没有进入金融自由化加速阶段，资金的借贷关系主要发生在发达国家之间。结果是日本承担了所有的调整成本，美国基本上没有改变国内任何的财政政策和货币政策，是广场协议上绝对的赢家。

在调整之后，美日两国的GDP增长率都是下滑的；同时，日本经常账户的盈余在缩减，美国经常账户的赤字也在缩减，原因就在于在调整过程中总需求的减少带来了经济的下行。

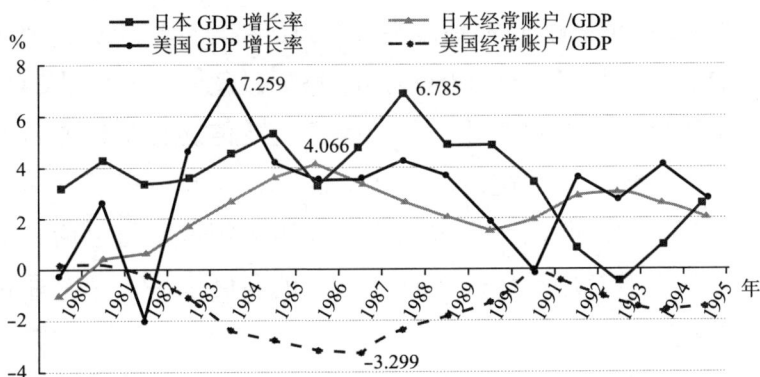

**图2 美日两国经济发展**

第二，东南亚国家90年代的"休克"调法。休克调法是非预见性的，货币大幅贬值。

在调整之前，泰国、印尼、马来西亚等国贸易赤字占GDP的比重是很高的，来自发达国家的短期资本流入则是弥补经常账户赤字的主要方式。这种短期流入主要是以投资组合的方式流入，表现出高波动性。在组合流入占赤字的比重上，韩国为91.7%，印尼为76.9%，泰国是34.3%。

这样导致的结果就是当一国赤字过大的时候，别人认为该国经济会有危机，为了规避风险，投资者在未来就会撤出资本。加之市场的一个"羊群"效应，所以只要有人撤出后，别人看到也会纷纷撤出，造成资本大规模流出。

东南亚国家在1996年贸易赤字很大，投资者则在1997年开始撤出资本。这导致了美元在当地资本市场上变少了，美元升值，本国货币随之自动贬值了。这就是我们最后看到所谓1997年东南亚金融危机。

这种调整方式的成效是：危机前一年各国都存在较大的贸易赤字；危机之后五年，经常账户余额有明显的改善，这是因为货币贬值会鼓励出口，进而改善经常账户。

但这种调整方式的成本是很高的。以经济增速来看，危机前一年各国GDP增长率都是正值（阿根廷除外），危机后一年的GDP增长率全部都是负值。除此之外，货币大幅度贬值还会带来通货膨胀。危机前一年通胀率和危机后一年的通胀率，以及危机后五年的通胀率都是比较高的，所以一个国家货币发生大幅度贬值之后，对一个国家的经济，不管是从增长还是从通胀的角度来讲，都有非常明显的负面作用。

表 1　危机前后经济对比　　　　　　　　单位：%

| | 墨西哥 | 韩国 | 泰国 | 马来西亚 | 阿根廷 |
|---|---|---|---|---|---|
| 金融危机时间 | 1994年 | 1997年 | 1997年 | 1997年 | 2001年 |
| 危机前1年贸易余额/GDP | −7.05 | −4.14 | −7.89 | −5.84 | −3.15 |
| 危机后5年贸易余额/GDP[a] | −1.81 | 4.42 | 7.73 | 10.71 | 4.38 |
| 危机前1年GDP增长率 | 1.95 | 6.70 | 5.90 | 10.00 | −0.79 |
| 危机后1年GDP增长率 | −6.17 | −6.85 | −10.51 | −7.36 | −10.90 |
| 危机后5年GDP增长率[a] | 2.91 | 4.39 | 1.23 | 2.67 | 4.92 |
| 危机前1年通货膨胀率 | 9.75 | 4.93 | 5.87 | 3.45 | −0.94 |
| 危机后1年通货膨胀率 | 35.00 | 7.51 | 8.08 | 5.29 | 25.87 |
| 危机后5年通货膨胀（a） | 24.50 | 3.48 | 2.45 | 2.56 | 12.85 |

注：（a）是 5 年的简单算术平均值。

资料来源：作者依据 IMF. WEO Database （2008）的数据计算得到。

第三，2000—2010年的调整政策。以美元大幅贬值为代表的"休克"调法。

在此之前，我们先了解一下次贷危机前全球经济的不平衡情况。2000年之后新兴发展中国家经济体的经常账户占GDP的比例一直是正值，高点大概在2006年为4.799%。这意味着新兴经济体都有大量的顺差，美国和部分发达国家都是赤字。

而新兴发展中国家将通过贸易顺差获得的外汇储备以各种组合的形式，不管长期还是短期，投资到发达国家，尤其是美国，追逐所谓的安全资产，带来的结果就是美国的资产价格不断升高，比如美国房地产价格。这就是不平衡带来的流动性问题，或者在跨国之间配置不平衡的问题，它的本质是由于经常账户的不平衡导致的。

图3　新兴经济体

数据来源：WEO（2018）。

　　我们再具体看一下中、德、日这几个大的盈余国家和赤字国美国之间的关系。2007年的时候，中国的经常账户达到了历史高点，占GDP比例为9.889%，这个在人类历史上，从大国贸易的角度来讲也是巅峰时期。与之对应，美国2006年经常账户赤字/GDP是5.8%。这个时候，很多人到国外买房、买金融资产，新兴和发展中经济体的贸易盈余累积的资本流入美国。

　　另外，两个国家是日本和德国，德国一直也是一个大顺差国，美、德之间的盈余问题也是两国长期讨论和争议的问题。

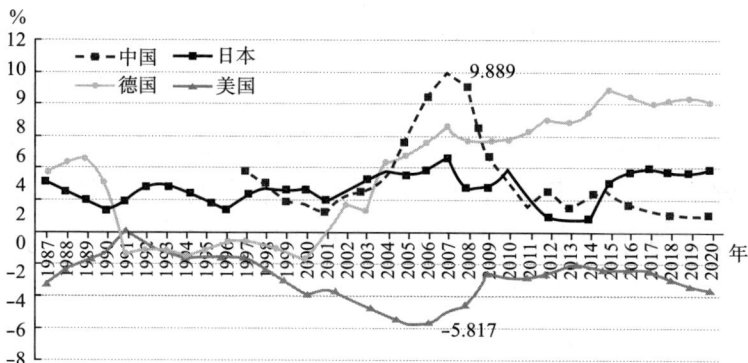

数据来源：WEO（2018）。

图4　中国、德国、日本、美国、经济对比（经常账户/GDP）

在此基础上，我们再来讨论这一时期的调整方式：2008年次贷危机带来美元大幅贬值的"休克"调法。

美国是世界上最重要的经济体，目前它的GDP占世界比例虽然大概在22%左右，但是它的金融市场非常发达，所以危机发生在美国，调整发生在美国，但是跟东南亚危机以及80年代的美日之间的调整是有差异的。调整成本是全球承担的，因为中心国家经常账户大规模的调整，它的影响是全球性的，由此带来总需求急剧萎缩，全球经济下行。

2008年次贷危机这种休克调法的调整成本到底是多少？我们将1987年到2007年，2008年到2017年这两个周期做一个简单的比较。前面一个周期在经济史里面叫"大缓和"时期，后面那个周期有一些经济学家把它叫做"大平庸"周期。两个周期的全球GDP增长率差别不大，后者主要得益于新兴经济体的快速增长，但发达国家两个时期增长率的差异非常大。世界的贸易量在全球大缓和时期的增长率，年均增长率是7.09%；大平庸周期的贸易增长率只有2.94%，不到原来的一半。所以有时候在国际经济学领域，也把贸易急剧下降的现象称作贸易的超调，就是下降得太多了。原因在于：一个是收入的问题，另一个是价格的问题。实际上，更多是收入的缩减，总需求的萎缩导致了全球贸易量急剧下降。

表2　"大缓和"周期与"大平庸"的对照

| | "大缓和"周期（1987—2007年） | | | "大平庸"周期（2008—2017年） | | |
|---|---|---|---|---|---|---|
| | GDP增长率 | 通胀率 | 贸易 | GDP增长率 | 通胀率 | 贸易 |
| 全球 | 3.78 | 13.8 | 7.09 | 3.35 | 3.09 | 2.94 |
| 发达经济体 | 2.91 | 2.73 | — | 1.23 | 1.19 | — |
| 新兴和发展中经济体 | 4.81 | 36.4 | — | 4.51 | 5.60 | — |

此外，贸易的指标也会反映全球的调整成本，也就是贸易强度。贸易强度是贸易的增长率+货物和服务的增长率与全球GDP的增长率的比。这个增长率之比，在1996—2007年相当好，次贷危机之后就变的

不好了。2018年按照IMF的预测值来讲，比2017年还要低一点，所以全球贸易状况不像想象的那么乐观。

第四，2018年贸易大国博弈。它的主要对象是中、美两国，但成本会从两国逐渐波及全球，带来总需求的萎缩，并带来全球经济下行。

这是现在大家看到的中美之间的贸易摩擦问题，美国要求中国减少对美贸易逆差。在中美贸易摩擦问题上，我认为美国的条件太高，对我国整个出口行业的影响是非常大的，出口疲软又会给中国宏观经济带来很强的负面影响。因此，我个人理解，现在双方基本上是各自表达意见和条件，开始调整，慢慢谈。

我们说大国之间的贸易摩擦，可以看到会带来经济明显的下行压力，导火索就是不平衡的调整。

图5展示了最近几年贸易摩擦数据，也就是次贷危机以来新增的贸易限制措施和各种限制条件。考察贸易摩擦主要看G20，因为G20经济体量占全球的90%，贸易占全球的80%。从数据上看，G20之间贸易限制措施是增长的，因此全球贸易外部环境不乐观。

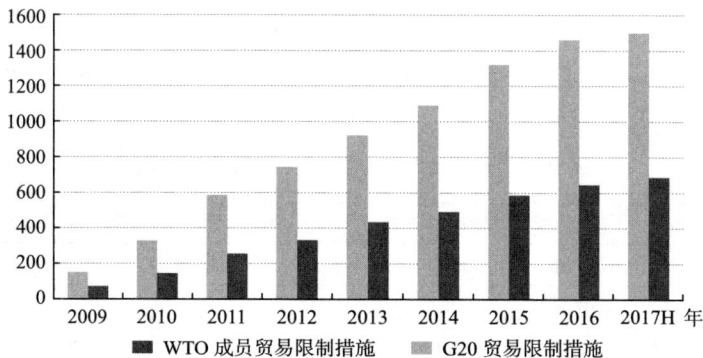

■ WTO 成员贸易限制措施　　■ G20 贸易限制措施

资料来源：TRADE MONITORING：WTO records moderate rise in G20 trade restrictions；WTO members record lowest monthly average in new trade restrictions since 2008.

**图5　次贷危机后新增贸易限制措施（单位：项，累计值，H 表示半年）**

## （二）内部不平衡

内部不平衡与外部不平衡紧密相关，并与中国当下经济形势联系非常紧密。开放条件下，一个国家的储蓄（S）都是投资（I）加经常账户余额（CA），也就是S=I+CA。这个公式显示，如果投资增多，储蓄不变，CA就会减少，并实现外部再平衡。但是如果投资很多，储蓄依然很多，CA还是不平衡。

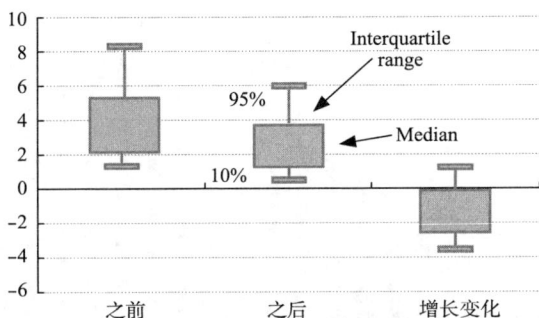

**图6　跨国经验研究的证据**

中国现在面临的问题恰恰是投资太多。过去我们存在资产价格泡沫，包括在不动产领域，也包括其他的领域出现一些过剩产能，这些都是投资过多造成的。所以，我们现在要去产能。在投资减少的情况下，如果想减少CA，那么必须要减少储蓄率。储蓄率下降则要求消费的增加，所以我们需要提高消费，但刺激消费往往是很困难的。

一个跨国的经验研究分析了1987—2002年的数据，最后得出：投资占GDP比重如果下降4个百分点，经济增速中值下降1.4个百分点，也就是过去是4.5%，现在只有3.1%。所以，大家看到中国经济增长下滑伴随一个非常明显的态势就是投资的下滑，因为任何一个经济体，如果要维持高增长，它的基本条件是投资一定要维持比较高的增速，因为光靠消费不可能导致经济那么高的增长。

中国过去几年信贷增长非常快。虽然2016年开始中国有意识地收紧货币，$M_2$的增长率从2016年的两位数降至2017年的个位数了，信贷占GDP的比例也在下降，但是信贷比例仍然很高。

如果我们将中国的投资跟GDP的增速共同比较的话，2011年中国的投资/GDP达到了高点，投资占GDP的48%，到2017年从48%降到44%，经济增速从9.5%降到6.9%，实际上经济增速下滑相比投资下滑速度要快。另外一个原因就是投资的下滑之后，消费的增长弥补不了投资的下滑。

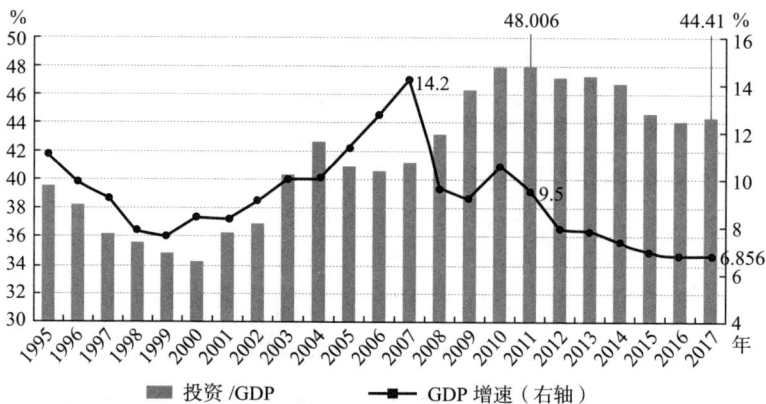

图 7　中国投资/GDP 2011 年高达 48%

如果我们在投资下降的同时，消费跟不上，CA实际上会进一步扩大。当经济增速在下滑，CA反而进一步扩大时，就出现了"衰退性"顺差。中国2013—2015年的发展状况就是如此。如图17所示，投资占GDP比例的下降，从47%多降到44%多，我们经济增速6.9%到7.8%，但贸易顺差却从占GDP比例1.5%涨到2.7%。与此同时，储蓄比例还是很高，下降的比例很少，原因就是消费没有跟上，或者我们消费虽然增长了，但是增长的速度并没有预期的那么好。

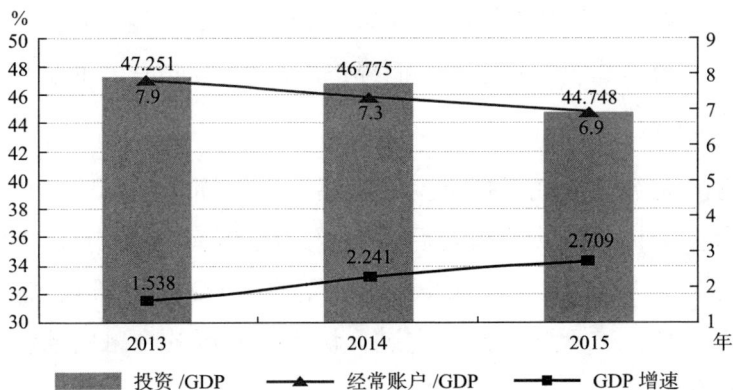

**图 8　内部再平衡问题：中国 2013—2015**

把内外不平衡放在一起，总结起来就是三句话：

第一，通过贸易摩擦与汇率摩擦来调整外部不平衡，带来宏观经济波动性加大，调整成本高。

第二，内部不平衡的调整，就是调整投资占GDP比重，需要消费上升才能实现调整的目标。所以，内部不平衡的调整成本也是比较高的。

第三，宏观经济管理，供给侧和需求侧管理缺一不可。

## 二、双周期不同步

这里的双周期，一个是经济周期，另一个是金融周期。

80年代以来，全球金融市场不断扩张，金融资产价格不断增长，大家发现，只看一个周期不足以代表整个经济运行规律，因为金融资产和实体资产实际上是不一样的。比如中国这几年可以看到，经济增速在下行，但是房价在涨。有时经济非常好，股市却不动。从全球宏观政策角度来讲，2008年次贷危机以来，金融周期已经成为新的研究热点。金融周期定义的核心是信用或资产价格。

对比两个周期，我们发现：在总量上，金融周期讲的是货币，是信贷；经济周期讲的是GDP、是失业率。在价格上，金融周期关注不动产价格、股价和基准债券收益率；而经济周期则关注CPI、通货膨胀率，或者是核心CPI。

现有的大部分研究都指出金融周期比经济周期的周期要长，振幅也要大得多。比如次贷危机之后，美国的股市降了40%多；中国的股市降了更多，从6124点降到2800多点，降了60%。所以，它振幅很大，周期很长。欧元区有人研究过，认为欧元区的金融周期比经济周期要长33%。

两个周期的不同步，实际上限制了国家宏观政策调控的空间。比如当经济周期处于槽值，但金融周期处于峰值时，具体表现为资产价格很高，实体经济却有比较大的下行压力。如果为了刺激实体经济，实行宽松的政策，则会导致资产价格更高，就出现泡沫。从这个角度来讲，宏观政策操作空间是被金融周期束缚了。

现在全球经济就恰恰出现了经济周期和金融周期不同步的问题。

目前有一个大致的结论：全球在2016年底到2017年基本处于金融周期的峰值附近，经济周期基本上处于槽值附近。所以，在当前金融周期较高、经济周期较低的情况下，如果松政策，就会吹大泡沫；如果紧政策，实体经济就会下行。因此，也就使得政策选择的空间相对较小，因为这个现象是全球现象，所以大部分主要国家都是采用结构性的政策，很难有总量调整政策。

要了解现在全球金融周期为什么高涨，我们可以从信贷、股票和房价三个方面来衡量：

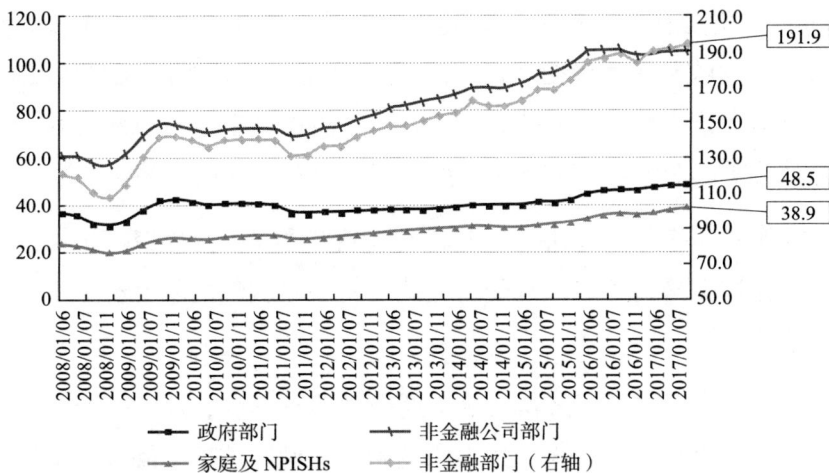

数据来源：BIS。

**图9　新兴经济体非金融类部门信贷/GDP比例的变化**

第一，信贷。从图9中我们可以看到新兴经济体"非金融类部门的信贷/GDP"的比例都是不断在增长，也就意味着这是一种信贷推动性的经济增长，这个比例大概在190%多。

第二，股票。近年来不管是道琼斯，还是标准普尔、纳斯达克、富时100指数、德国SDax30指数，还是法国CAC40指数，可以看到，2006年底的市盈率普遍低于近期的数值。市盈率越大说明股价越高，收益率越低，也就意味着近几年的股价都比次贷危机之前要高。

第三，房价。以美国房价为例，2005—2017年，2017年第三季度的房价比次贷危机发生的时候还要高，这是因为全球很多流动资金炒房，把房价抬起来。日本、中国、英国等主要经济体的房价都在上涨。

信贷、股市、房价都在涨，这是我们看到的当前全球经济增长状况不太好的背景下，资产价格都处在很高的位置，也就是金融周期处在峰值附近。

以美国的货币政策为例，美国联邦基金利率不断加息，现在大概是

1.5%，并仍处在上升周期。就美国十年期国债利率而言，自2017年底以来，国债收益率大致是波动上升的，触及次贷危机以来的高点3%。国债利率上升之后，贴现压力变大，资产价格就会下行，所以前一段时间为什么美国股市有点往下走，跟利率上升有很大的关系。

但如果利率上升过快，一方面实体经济受损，另外资产价格也会往下行，这对美国而言难以承受。因此，美联储加息的幅度和频率也不会过大过快。

全球内外不平衡，经济、金融两个周期不同步，这就是当前世界经济我个人认为面临的最大、最核心的两个问题。这两个问题，使得政策选择空间比较少，只能采用结构性政策，通过减税和差别性政策来解决特定问题。

# 三、互动问答

**问：**王老师，您刚才说贸易摩擦，会是美国解决不平衡的一种选择，那您觉得中美贸易摩擦会升级吗，会不会引发到汇率战？

**王晋斌：**特朗普的个性很难预测。但是从他过去一贯作风角度来讲，如果他不达到一定目的，他也不见得会收手，还是要做一个长期的准备。

是不是会从贸易摩擦到汇率摩擦，实际历史上都有。前几年人民币汇率摩擦事情有很多，动不动就讲汇率操纵这样的东西。目前没有，但是未来会不会有，不好说，因为在外部调整的过程中，从美国过去跟日本、德国之间的贸易摩擦来看，美国人都是希望别国的货币对美元升值，来改善它的经常账户。20世纪70年代的时候，美国认为自身贸易逆差主要是由德、日两个国家造成的，所让德、日通过货币对美元升值的方式减少逆差，并以美元主动贬值向两国施压。所以，在70年代德、日不得不将马克与日元升值。

中美最后会不会引起汇率摩擦，不好说，看双方如果真正达成共识之后，事情会有一些缓解，但是这恐怕得慢慢谈，时间会比较久。

**问：** 王老师，请问现在的金融泡沫，跟2008年经济危机之后的货币超发之间是否存在联系？因为全球都是低利率或者负利率，是不是反映了货币超发？如果是，从这个角度来看，是不是首先要解决货币的回笼问题，才能解决金融的问题？

**王晋斌：** 如果资产价格高，物价上涨一定是货币过多。从美国角度可以看得非常清楚，美国资产负债表，次贷危机之前是0.9万亿美元，危机之后4.5万亿美元。中国的央行资产负债表，看起来扩张很快，危机之后的2009年$M_2$增长率大约27%。

$M_2$增长率通常有一个非常简化的计算公式：第一，GDP的增长率需要新货币来吸收。如果GDP增长8%，就需要货币多增长8%，来把这部分新增物品和服务吸收掉。第二，考虑通胀率，如果今年有2%的通胀率，那货币就需要再增加2%。第三，考虑货币在流通中速度是不是放缓了。比如有一部分钱没有进入市场，反而沉淀了，所以还要再加上1%到1.5%的误差。结合三者，$M_2$增长率就应该在10%左右。如果按照2009年GDP增长率来讲，当年的货币一定超发了。

货币多了，从长期角度来讲，如果经济增长速度达不到一定的水平，进而吸收货币的话，剩余货币一定会流向各种资产，导致资产价格高涨。然而，投放是一个长期的过程，回笼也是一个长期的过程，要通过慢慢回收，通过经济中新增加的商品和劳务，来把过去的货币慢慢吸收掉，这样整个物价会慢慢走向平缓。

中国人民大学重阳金融研究院继续推出对话人大名教授系列讲座，2018年4月25日晚，中国人民大学商学院财务与金融系教授、博士生导师况伟大老师主讲"房地产金融风险不容忽视"，从房贷违约、房价波动、住房泡沫和房贷规模等方面深入分析了如今房地产金融的风险。

# 房地产金融风险不容忽视

□ 况伟大

党的十九大以来，防范系统性重大金融风险成为工作主题之一。目前，中国存在多种金融风险，如房地产风险、地方债、政府部门债务风险等。但从发生可能性和危机的影响方面来看，房地产风险是最容易发生且影响最为直接的。房地产金融风险涉及方方面面，特别是涉及家庭部门。数据显示，房贷在家庭部门中所占的比重已经高达60%以上。住房债务在家庭中所占的比重也较高，还存在拿装修贷款去炒股和做小买卖的情况，都需要予以关注和治理（见表1）。

除此之外，还有地方债、政府部门的债务与地产相纠缠形成交叉风险，占当地GDP与财政收入的比重非常高，形成了风险隐患。同时，企业部门高杠杆比例通常也与地产有关，有的以土地、房屋作为抵押融资，杠杆比例可能达70%、80%，个别中小开发商杠杆比例超过了100%。总体来讲，中央提出守住发生系统性金融风险的底线，就是守住发生房地产金融风险的底线。由此，本文分四部分来分析房地产风险的来源并给出政策建议。

表 1 1998—2014 年房地产贷款情况

| 年份 | 贷款总额（A） | 家庭消费贷款（B） | 房地产贷款（C） | 房地产开发贷款 | 住房贷款（D） | 房地产贷款占比（C/A） | 住房贷款占比(D/A) | 住房贷款占家庭消费贷款比重（D/B） | 所有贷款不良贷款率 | 房贷不良贷款率 | 资本充足率 |
|---|---|---|---|---|---|---|---|---|---|---|---|
| 1998 | 8652.41 | 73.30 | 247.50 | 183.70 | 51.40 | 2.86 | 0.59 | 70.12 | | | |
| 1999 | 9373.43 | 139.60 | 355.60 | 217.20 | 126.00 | 3.79 | 1.34 | 90.26 | | | |
| 2000 | 9937.11 | 424.00 | | 262.81 | 338.00 | | 3.40 | 79.72 | | | |
| 2001 | 11231.47 | 699.00 | | 349.43 | 560.00 | | 4.99 | 80.11 | | | |
| 2002 | 13129.39 | 1067.00 | | 446.50 | 826.00 | | 6.29 | 77.41 | | | |
| 2003 | 15899.62 | 1574.00 | | 664.96 | 1178.00 | | 7.41 | 74.84 | | | |
| 2004 | 17819.78 | 2006.00 | | 780.00 | 1611.00 | | 9.04 | 80.33 | | | |
| 2005 | 19469.04 | 2215.00 | 2770.00 | 914.10 | 1855.90 | 14.23 | 9.53 | 83.79 | 8.71 | | |
| 2006 | 22534.72 | 2400.00 | 3680.00 | 1410.00 | 2270.00 | 16.33 | 10.07 | 94.58 | 7.10 | | |
| 2007 | 26169.09 | 3100.00 | 4800.00 | 1800.00 | 3000.00 | 18.34 | 11.46 | 96.77 | 6.67 | 1.06 | 8.40 |
| 2008 | 30339.46 | 3700.00 | 5280.00 | 1930.00 | 3350.00 | 17.40 | 11.04 | 90.54 | 4.25 | 0.91 | 12.00 |
| 2009 | 39968.48 | 5500.00 | 7330.00 | 2527.80 | 4802.20 | 18.34 | 12.01 | 87.31 | 2.00 | 0.59 | 9.20 |
| 2010 | 47819.55 | 7390.00 | 9345.75 | 3119.40 | 6226.35 | 19.50 | 12.99 | 84.25 | 1.36 | 0.37 | 10.10 |
| 2011 | 54790.00 | 8870.00 | 10730.00 | 3488.00 | 7058.45 | 19.58 | 12.88 | 79.58 | 1.05 | 0.30 | 10.20 |
| 2012 | 63000.00 | 10440.00 | 12110.00 | 3863.00 | 8100.00 | 19.22 | 12.86 | 77.59 | 0.96 | 0.30 | 10.60 |
| 2013 | 71900.00 | 12920.00 | 14610.00 | 4590.00 | 9800.00 | 20.32 | 9.14 | 75.85 | 1.03 | 0.26 | 12.20 |
| 2014 | 86800.00 | 15400.00 | | | | | | | 1.49 | 0.50 | 13.20 |

# 一、房贷违约风险与银行安全

房贷风险之所以重要，是因为房贷风险影响银行安全。在整个金融体系中，银行安全是整个金融安全的基础和根基，如果银行发生危机，必然要发生金融危机，从1998年东南亚金融危机、2008年国际金融危机等金融危机的发生机理可得到这一结论。许多国家发生的住房泡沫，不仅导致了房贷的大量违约，而且因资本充足率不足导致了美国、英国、西班牙、冰岛、爱尔兰、匈牙利等国家银行的倒闭（Reinhart and Rogoff，2009）。房贷违约风险显著影响银行安全（Büyükkarabacak and Valev，2010）。一方面，房贷在银行信贷中所占比重越大，银行风险越大（Foos et al.，2010）。根据国际经验，若房贷比重超过30%，银行将面临严重的流动性风险。另一方面，因信息不对称以及"大而不倒（too big to fail）"规则，银行存在严重的逆向选择和道德风险（Van den and Skander，2008），追求利润最大化使银行产生巨大的系统性风险（Shleife and Vishny，2010），房贷违约风险将导致违约损失。为防止银行破产，2006年《巴塞尔协议II》（Basel II）要求商业银行使用内部评级法（IRB）或标准法（SA）来估计违约损失，2010年《巴塞尔协议III》要求进行逆周期管理，增加缓冲资本（buffer capital）。银行安全不仅取决于房贷违约风险及其风险暴露（exposure at default，EAD），还取决于银行资本充足率。贷款违约损失要由资本充足率解决，但2007年美国爆发的次贷危机使银行业重新审视贷款的违约损失和资本充足率问题（Rösch and Scheule，2012）。通常，银行和监管机构采用压力测试来检验资本充足率。原中国银监会主席刘明康2011年10月19日在CEO组织峰会上表示，即使房地产抵押品重度压力测试下跌40%，覆盖率仍高于国际通行的110%标准，我国房地产贷款总体风险可控。Follain和Giertz（2011）对美国联邦住房企业监管办公室（OFHEO）数据的研究发现，实际压力测试对房价下降趋势低估了50%以上。从未有任何一个商业银行或商业机构会预测房价跌破

100%。而美国次贷危机房价下跌超50%，1929年大萧条时期房价跌了将近100%，违约率高达25%。所以，要做好风险预期，明确房价下跌会有大面积的违约，如果商业银行没有足够的资本来对冲房贷违约损失，银行就会发生风险。

Varotto（2011）对大萧条（the Great Depression）情形进行的压力测试发现，《巴塞尔协议Ⅱ》下的资本要求可吸收1年内大萧条产生的损失，但无法满足以后年份的损失；尽管《巴塞尔协议Ⅲ》下的资本要求足以吸收大萧条情形下的损失，但若无政府帮助，资本缓冲仍无法满足萧条期产生的损失。由此，资本充足率是最后一道防火墙，并不一定有效。因为如果发放贷款时这个最需要进行风险管理的前端控制不住，后端一旦发生危机就基本是崩盘的结果。同时，与美国有庞大复杂的衍生品市场和证券化市场不同，中国的金融体系以银行为主，直接金融非常少，主要是间接金融，房地产市场与债券市场中没有证券化市场，也没有REITs，银行危机会更加直接地引发金融风险，相关比率不能照搬。

有几个指标是进行衡量的标准，如房地产贷款占比（房贷在银行贷款中所占的比重），这个指标越大，银行的风险就会越大。如果超过30%，风险就会容易发生，还有不良贷款率和银行资本充足率等（见图1）。

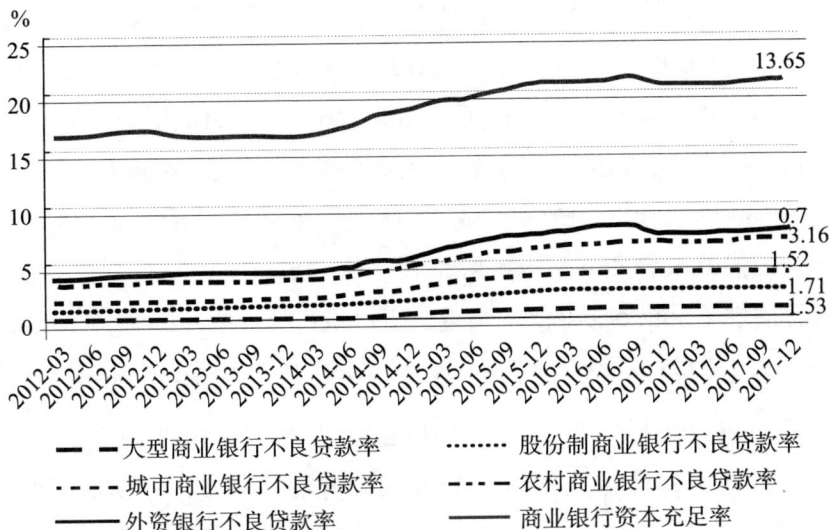

**图1　银行不良贷款率与资本充足率**

由图1可见，中国的银行不良贷款率正常，所有商业银行不良贷款率是1.74%，而房贷不良贷款率在2015年是0.5%，虽然这两年有上升，总体上还是小于其他商贷。但在温和的数据背后有着很大的隐患，开发贷款与家庭住户抵押贷款平均占20%左右，但是一些中小银行、零售商业银行的房贷占比已经达到70%~80%，一旦房价出现波动，这些小体量银行将首当其冲，隐性风险将立刻转变为显性风险。六大商业银行中，房贷占比最高的是农业银行，其次是交通银行，最后为建设银行，需要加以警惕。资本充足率也没有达到巴塞尔协议18%的要求，也是风险来源之一。

## 二、房价波动与房贷违约风险

根据期权理论，如果房价低于房贷即出现负资产时，借款人会违约。除期权因素外，后来的文献发现贷款特征、借款人特征、物业特征以及区域特征也显著影响房贷违约风险。上述四个方面特征被称为非期权因素。与期权理论不同，非期权因素的研究几乎全部采用实证分析。大部分实证研究发现，贷款特征是影响房贷违约风险的最重要非期权因素（Campbell和Dietrich，1983；Capozza等，1997；Harrison等，2004；Deng等，2005；Diaz-Serrano，2005；王福林等，2005；Tam等，2010；叶光亮等，2011）。又因信息不对称，房贷存在严重的逆向选择和道德风险问题（Kau等，1993；Brueckner，2000；Pavlov和Wachter，2006）。此外，因借款人异质性难以被观察到，最近研究还从信息不对称以及借款人异质性（heterogeneity）角度分析房贷违约风险（Deng等，2000；Calem等，2011；Capozza和Van Order，2011，Kau等，2011）。

根据商业银行数据，非期权理论的影响因素主要有贷款特征、借款人特征、物业特征和区域特征四个方面。2004—2009年首付是36%~37%，借款人平均年龄35.34岁，存在代际转移现象，也即父母给自己的孩子买房，美国数据在37~38岁。这也是中国人买房心理迫切的一种表现。债务收入比（DTI，月供占月收入的比重）在中国是38%，商业银行设置上限为50%，在美国是29%。我国的房贷风险除了违约风险之外还有提前还款风险，且存在高收入者违约率高、二手房违约率高于一手房的现象。

而根据模型回归结果，当房价上升1%的时候，房贷违约率将下降0.16%，如果下跌的话房贷违约率会上升。房价上涨，提前还款率会上升以获得资本利得，利率上升也有同样的结果。同时，高收入者违约率高，提前还款率也高；学历越高违约率越低，提前还款率越高。而房价波动对房贷履约风险或房贷风险产生最大影响的是住房泡沫。

## 三、住房泡沫

很多人认为，房价收入比是测度住房泡沫的一个根本指标，但其实本质上是一个测度对房价承受能力的指标，是部分测度。现在一般用租售比来刻画住房泡沫（见表2）。

表2　1996—2016年中国存在住房泡沫城市

| 城市 | 1996年 | 1997年 | 1998年 | 1999年 | 2000年 | 2001年 | 2002年 | 2003年 | 2004年 | 2005年 | 2006年 | 2007年 | 2008年 | 2009年 | 2010年 | 2011年 | 2012年 | 2013年 | 2014年 | 2015年 | 2016年 |
|---|---|---|---|---|---|---|---|---|---|---|---|---|---|---|---|---|---|---|---|---|---|
| 石家庄 | 0.42 | 0.63 | 0.83 | 1.26 | 1.52 | 1.53 | 2.00 | 1.99 | 2.01 | 1.71 | 1.36 | 0.98 | 0.89 | 0.92 | 0.90 | 1.08 | 0.72 | 0.70 | 0.64 | 0.57 | 0.72 |
| 沈阳 | 0.40 | 0.50 | 0.64 | 0.75 | 0.87 | 0.85 | 0.93 | 0.90 | 0.85 | 0.80 | 0.76 | 0.65 | 0.59 | 0.58 | 0.59 | 0.64 | 0.49 | 0.50 | 0.53 | 0.56 | 0.60 |
| 长春 | 0.49 | 0.59 | 0.80 | 1.11 | 1.21 | 1.35 | 1.59 | 1.75 | 1.62 | 1.42 | 1.26 | 0.85 | 0.79 | 0.85 | 0.67 | 0.82 | 0.76 | 0.75 | 0.76 | 0.86 | 1.03 |
| 福州 | 0.67 | 0.91 | 1.33 | 2.22 | 2.61 | 2.56 | 3.04 | 2.75 | 2.37 | 1.82 | 1.28 | 0.92 | 0.85 | 0.99 | 0.86 | 0.91 | 0.56 | 0.64 | 0.67 | 0.81 | 1.05 |
| 长沙 | 0.48 | 0.79 | 1.04 | 1.34 | 1.47 | 1.45 | 1.79 | 1.69 | 1.73 | 1.40 | 1.14 | 0.79 | 0.78 | 0.89 | 0.75 | 0.73 | 0.57 | 0.61 | 0.65 | 0.74 | 0.77 |
| 广州 | 0.54 | 0.87 | 0.94 | 1.35 | 1.58 | 1.56 | 1.85 | 1.88 | 1.72 | 1.41 | 1.10 | 0.70 | 0.65 | 0.83 | 0.74 | 0.99 | 0.67 | 0.65 | 0.63 | 0.84 | 0.89 |
| 海口 | 1.09 | 1.11 | 1.68 | 2.19 | 2.30 | 2.26 | 2.26 | 2.18 | 1.85 | 1.56 | 1.43 | 1.03 | 0.78 | 0.88 | 0.63 | 0.95 | 0.77 | 0.74 | 0.75 | 0.88 | 0.91 |
| 西宁 | 0.51 | 0.61 | 0.85 | 1.15 | 1.42 | 1.63 | 1.81 | 1.64 | 1.59 | 1.35 | 1.13 | 0.84 | 0.69 | 0.89 | 0.83 | 1.02 | 0.68 | 0.70 | 0.66 | 0.84 | 0.93 |
| 银川 | 0.24 | 0.40 | 0.53 | 0.77 | 0.96 | 0.98 | 1.05 | 1.19 | 1.13 | 1.02 | 0.91 | 0.81 | 0.69 | 0.69 | 0.65 | 0.72 | 0.58 | 0.60 | 0.68 | 0.71 | 0.81 |
| 乌鲁木齐 | 0.50 | 0.68 | 0.81 | 1.04 | 1.12 | 1.15 | 1.26 | 1.25 | 1.33 | 1.24 | 1.13 | 0.81 | 0.67 | 0.82 | 0.63 | 0.65 | 0.49 | 0.47 | 0.48 | 0.55 | 0.67 |
| 太原 | 1.69 | 2.04 | 3.83 | 7.01 | 7.97 | 9.10 | 16.03 | 15.75 | 13.01 | 7.28 | 4.88 | 2.59 | 2.39 | 6.26 | 3.76 | 59.58 | 2.24 | 2.69 | 2.63 | 10.67 | 11.14 |
| 厦门 | 1.11 | 1.70 | 2.94 | 7.31 | 12.22 | 11.07 | 18.94 | 18.14 | 13.05 | 7.00 | 3.62 | 1.63 | 1.56 | 5.30 | 4.09 | -136.35 | 1.96 | 2.14 | 1.87 | 9.08 | -4.47 |

1996—2016年12个城市存在严重或轻微的住房泡沫，包括石家庄、沈阳、长春、福州、长沙、广州、海口、西宁、银川、乌鲁木齐、太原和厦门。其中，厦门和太原仅仅是2016年才出现住房泡沫。而两个城市没有明显的泡沫，一是北京，二是天津。如果按房价收入比的话，会得到北京其实存在住房泡沫的结果，但限购、限贷、限售、限价抑制了北京的住房泡沫。房价被低估的有21个城市（2012年之后），包括呼和浩特、郑州、济南、南宁、重庆、兰州、深圳、哈尔滨、上海、南京、合肥、南昌、成都、昆明、西安、大连、承德、杭州、武汉、大连、贵州、宁波。这些城市可以投资，因为它被低估，将来升值的潜力巨大。

根据不同区域的特点，我们也应该对不同区域设计不同的贷款及监管路径。

## 四、房价波动、房贷规模与银行资本充足率

根据2005—2015年商业银行的资本充足率数据（见表3），全国性大银行比地方金融要低，上市银行比非上市银行要低，但国有银行比非国有银行的资本充足率要高，一线城市资本充足率比二线和其他线城市要高一些，平均在13%~14%。总体上看，不良贷款率国有银行要比非国有银行高，非上市的要比上市的高一些，地方性银行要比全国性的商业银行高一些。

根据模型结果，按时间线来说，房价如果上升，资本充足率应该上升，呈现顺周期特征，但这会造成房价下跌资本充足率也下跌的雪上加霜的情景，是非常危险的，需要中国商业银行有一定的风险意识。另外，房贷占比越高资本充足率越低也是一个不良趋势，因为随着房贷占比增高，实际上，商业银行需要增高资本充足率来抵御风险。最近，中央银行降低存款准备金率，商业银行应该注意风险控制（见表4）。

表 3 2005—2015 年商业银行资本充足率

| | 2005 年 | 2006 年 | 2007 年 | 2008 年 | 2009 年 | 2010 年 | 2011 年 | 2012 年 | 2013 年 | 2014 年 | 2015 年 |
|---|---|---|---|---|---|---|---|---|---|---|---|
| **A组 按经营范围** | | | | | | | | | | | |
| 全国性 | 9.44 | 9.92 | 10.8 | 11.14 | 10.78 | 11.22 | 11.92 | 12.26 | 12.16 | 12.41 | 12.46 |
| 地方性 | 10.11 | 10.45 | 11.2 | 12.18 | 12.61 | 12.66 | 13.09 | 13.47 | 13.15 | 13.09 | 13.73 |
| **B组 按是否上市** | | | | | | | | | | | |
| 上市 | 8.68 | 9.56 | 11.72 | 12.7 | 11.45 | 11.31 | 12.11 | 12.61 | 12.37 | 12.43 | 12.63 |
| 非上市 | 10.2 | 10.48 | 11.09 | 11.99 | 12.52 | 12.64 | 13.06 | 13.42 | 13.12 | 13.09 | 13.7 |
| **C组 按银行性质** | | | | | | | | | | | |
| 国有 | 10.71 | 11.7 | 12.36 | 12.29 | 11.72 | 11.6 | 12.46 | 13.34 | 13.51 | 13.57 | 14.05 |
| 股份制 | 8.81 | 9.03 | 10.02 | 10.57 | 10.31 | 11.03 | 11.64 | 11.72 | 11.48 | 11.84 | 11.67 |
| 城商 | 10.13 | 10.41 | 11.14 | 12.49 | 13.04 | 12.87 | 13.27 | 13.63 | 13.30 | 13.03 | 13.69 |
| 农商 | 11.92 | 11.92 | 11.97 | 12.38 | 12.86 | 13.15 | 13.17 | 13.76 | 13.57 | 13.36 | 13.62 |
| 外资 | 8.33 | 9.13 | 10.63 | 11.12 | 11.18 | 11.61 | 12.54 | 12.75 | 12.34 | 13.01 | 13.96 |
| **D组 按银行规模** | | | | | | | | | | | |
| 大型 | 10.71 | 11.7 | 12.36 | 12.29 | 11.72 | 11.60 | 12.46 | 13.34 | 13.51 | 13.57 | 14.05 |
| 中小型 | 10.01 | 10.34 | 11.11 | 12.05 | 12.43 | 12.54 | 12.98 | 13.33 | 13.02 | 13.00 | 13.07 |
| **E组 按所在城市** | | | | | | | | | | | |
| 一线城市 | 9.22 | 9.84 | 11.37 | 11.95 | 11.77 | 11.91 | 12.6 | 12.91 | 12.62 | 13.07 | 13.78 |
| 二线城市 | 10.00 | 10.19 | 10.52 | 12.41 | 13.05 | 12.88 | 13.13 | 13.05 | 13.06 | 12.95 | 13.30 |
| 三线城市 | 10.66 | 10.78 | 11.12 | 12.28 | 13.39 | 13.36 | 13.33 | 13.98 | 13.61 | 13.19 | 13.98 |
| 其他城市 | 10.49 | 10.78 | 11.33 | 11.88 | 12.17 | 12.42 | 13.02 | 13.57 | 13.57 | 12.94 | 13.42 |

表4　房价周期模型

| | 全部样本 | 房价向上波动 | 房价向下波动 |
|---|---|---|---|
| | 模型1 | 模型2 | 模型3 |
| 房价时间趋势项 | 0.02*** | 0.02*** | 0.03*** |
| | （4.08） | （2.37） | （3.81） |
| 房价波动项 | -0.11*** | -0.22*** | -0.08*** |
| | （-10.02） | （-7.27） | （-3.35） |
| 房贷占比 | -0.02*** | -0.02*** | -0.03*** |
| | （-3.40） | （-2.05） | （-3.24） |
| 存款准备金率 | 0.22*** | 0.24*** | 0.19*** |
| | （14.33） | （10.99） | （8.45） |
| 不良贷款率 | -0.06*** | -0.12*** | -0.06*** |
| | （-4.01） | （-4.86） | （-3.32） |
| 银行性质 | 已控制 | 已控制 | 已控制 |
| 大型银行 | 已控制 | 已控制 | 已控制 |
| 上市银行 | 已控制 | 已控制 | 已控制 |
| 一二三线城市 | 已控制 | 已控制 | 已控制 |
| 常数 | 7.44*** | 6.73*** | 6.42*** |
| | （25.39） | （7.741） | （8.25） |
| R-sq：组内 | 0.25 | 0.20 | 0.31 |
| 组向 | 0.07 | 0.27 | 0.34 |
| 总体 | 0.18 | 0.23 | 0.31 |
| 模型形式 | FE | RE | RE |
| | （Prob>chi2=0.04） | （Prob>chi2=0.78） | （Prob>chi2=0.17） |
| 观测值 | 4289 | 2049 | 2240 |

# 五、结论与政策含义

根据上述分析，目前中国房贷风险主要是房贷放款额度加强了银行承担房贷债务的压力，房价也存在下跌的趋势，这种情况下，要求我们高度重视房价波动对于房贷风险的影响。第一，一定要进行地理位置的多元化，缓解房价暴跌对地理位置关于集中房贷风险的影响；第二，一定要增强银行抵御房贷风险的能力，要进行逆周期管理，控制住房贷在总的贷款中的占比，绝对不能超过25%。

2018 年 5 月 15 日晚，对话人大名教授系列讲座在中国人民大学重阳金融研究院开讲，中国人民大学经济学院雷达教授受邀出席并主讲。本场讲座围绕新自由主义与国际经济秩序展开，为厘清既往数十年间新自由主义、金融自由化、经济全球化这几大进程的历史脉络与相互关联提供了深刻、独到的剖析。

# 厘清新自由主义、金融自由化和经济全球化的关系

□ 雷达

国际金融危机已经过去10年了，回头看这场危机，我们能否从书本上和大家习惯性认为正确的观点上，找到可以进一步思考的东西？我主要讲四方面的内容：一是为什么选择这个题目，也给大家介绍一下相关文献；二是如何认识现行国际经济秩序；三是欧洲货币市场和欧洲债券市场的出现，与新自由主义的兴起；四是当今全球化和国际经济秩序的改革。

## 一、何为新自由主义

新自由主义在纯经济学意义上就是新古典主义；反过来，新古典主义加上对于西方自由市场的评价、价值判断，就是新自由主义。

在纯经济学领域，新古典主义的兴起，实际上是对凯恩斯主义"革

命"的再度"革命"。以弗里德曼为首的芝加哥学派，将经济当事人对经济的反应，以及市场配置资源的效率优势纳入宏观经济学的分析框架当中。此后，西方经济学界有越来越多的人，比如贝克尔、斯蒂格勒、萨金特等，沿着弗里德曼的思路，将价格理论运用到信息、家庭、劳动、市场等领域，并通过引用理性预期学派，在恢复长期分析传统的概念当中，论证了市场在解决各种现实问题当中的效率优势。另外一些学者，如卢卡斯和巴罗等人，则将一般均衡论纳入宏观经济的分析框架中去。

以1962年弗里德曼发表的《资本主义与自由》（*Capitalism and Freedom*）为标志，新古典主义开始在美国学术界复兴，其通俗版本就是华盛顿共识。

华盛顿共识是指20世纪80年代以来，华盛顿的三家机构，即国际货币基金组织、世界银行、美国政府所提出的10项旨在针对落后国家建立市场经济体系的政策建议，内容包括：（1）加强财政纪律，压缩财政赤字，降低通货膨胀，稳定宏观经济形势；（2）把政府开支的重点转向经济效益高的领域和有利于改善收入分配的领域，如文教、卫生和基础设施；（3）开展税制改革，降税，降低边际税率，扩大税基；（4）实现利率市场化；（5）采取有竞争力的汇率制度，即采取20世纪70年代西方由固定汇率转化为浮动汇率的制度；（6）实现贸易自由化，开放市场；（7）放松对外资的限制；（8）对国有企业进行私有化改造；（9）放松政府的管制；（10）保护私人产权。

这套方案在20世纪90年代时，在全球范围内被广泛推广。华盛顿共识之所以成为共识，之所以当时向拉美和原苏东转型国家推荐，主要有三方面原因：

1. 美国和英国分别在1978年和1980年放弃了凯恩斯主义，转而采取新自由主义的政策手段。华盛顿共识在里根和撒切尔的鼓动下，在美国、英国乃至经合组织国家中占据统治地位。

2. 20世纪90年代，美国出现了116个月的资本长周期增长，打破了传统的商业周期，出现持续的经济高速增长。美国等发达国家通过科技进步，发展信息产业与调整社会生产关系，生产力发展水平有大的提高，部分东西方的政治家和学者，将这种变化看作自由市场发展的结果，主张发展中国家也需要通过自由市场的经济途径来实现经济社会的快速发展。

3. 由于发达国家的科技和信息技术迅速发展，各国间的经济与贸易、社会的产业之间的联系大大加强，人与人之间的交往越发频繁，国家地区之间的经济一体化程度得到进一步提高。

因此，新自由主义可以归结为三句话：其一，这是发达国家使用的制度；其二，这个制度在美国及其他发达国家得到了成功；其三，外围国家、发展中国家，要加入世界经济、加入全球化过程当中，必须接纳这样一套方案。

## 二、新自由主义兴起并非缘于凯恩斯主义失败

选择这个题目，是因为2018年有很多值得纪念的年份，马克思200周年，《共产党宣言》170周年，以及中国改革开放40周年。中国改革开放的40年历程，对应的正好是西方新自由主义再度崛起的40年。在这40年历程中，新自由主义思想在中国得到很大的传播。长期以来，学术界对新自由主义的关注集中在两个方面：

第一，国有企业和私有企业效率高低之争。这成为40年中关于改革开放争论的焦点。但实践已经证明，这个问题无须争论，中国的改革开放就是为了打破大锅饭，提升效率。更需要关心的是，在私有效率高的过程当中，是否克服了实际的商业周期，即是否避免了危机。

对新自由主义的关注不应仅限于对两个效率的争论上，更需要关注

的是宏观经济学为什么产生，经济危机能不能被克服。这就是我们为什么还要留有国有企业，为什么习近平总书记说大国重器还是要掌握在国家手中。

第二，新自由主义和全球化。这40年全球化恰好与新自由主义的盛行相结合，所以普遍流行的观点认为，当前的全球化是新自由主义推动的全球化。

我认为，整个现行的国际经济秩序，实际上经历了新自由主义由边缘到中心、由衰退到兴盛的过程。实际上新自由主义的兴衰不单是趋势性的东西，也与现实经济的周期性过程相关联，经济衰退时新自由主义随即衰退，而经济处于长周期时，新自由主义理论也跟着一同兴盛。

如果只关注政府和市场的关系，大家会得出结论，认为新自由主义兴起的重要原因是凯恩斯主义在发达国家尤其在美国的衰退。但如果我们把1962年定义为新自由主义出现，当时美国正经历着第二次世界大战后第二个长周期，凯恩斯主义并没有失败。那么，如果不是美国宏观干预的失败，又是什么经济现象给了新自由主义再度兴起的土壤呢？

1958年和1960年，伦敦出现境外美元市场，我们称其为欧洲货币市场和欧洲债券市场（以下简称欧洲市场）。实际上，新自由主义的复兴和欧洲市场的出现是相关联的，这个市场的出现，标志着一个新时代的到来，即经济全球化时代的到来。


## 三、如何认识现行国际经济秩序

通常对于现行国际经济秩序的理解是指以1946年布雷顿森林会议上签订的《国际货币基金协定》《国际复兴开发银行协定》以及稍晚产生的《关税与贸易总协定》这三大协定为基本法律框架所形成的，主要反映以美英为首的发达国家利益和要求的国际贸易与国际金融领域的国际性制度安排。通常我们讲三大协定、三大机构，即国际货币基金组织、世贸组织和世界银行，会认为世贸组织管贸易，国际货币基金组织管金融，世界银行管长期投资，认为协定签订时按自由贸易、金融自由化、投资便利等原则划分职能。这种表述是错误的，会产生歧义，我想作出以下纠正：

第一，这三大协定、机构就只管一件事：贸易。实际上最早建立的国际经济秩序的核心是促进国际贸易发展的制度安排。国际货币基金主要是为了稳定汇率，为了恢复国际贸易秩序，为其提供国际支付手段；而世界银行宗旨的第三条就明确提出，"鼓励国际投资，协助成员国提高生产能力，促进成员国国际贸易的平衡发展和国际收支状况的改善"。

所以，我给布雷顿森林体系国际经济秩序所下的定义，是第二次世界大战后最初建立的，通过汇率手段、投资开发手段以及关税减免手段来促进国际贸易增长的制度安排。大家注意，这里面不包括我们今天看到的外汇市场，最早的国际经济秩序是服务于国际经济贸易的秩序，跟金融没有关系。

国际贸易也不是建立在新自由主义和自由贸易的基础上的。世贸组织最基本的原则是互惠原则，关税相互减免。新古典主义的原理是自由贸易能够使福利最大化，作为一个理性人，只需主动下降关税，不需要看别人降不降。但很显然，世贸组织建立在不同国家间相互减让的基础上，强调对等。所以，世贸组织是政府间的谈判和博弈，关系到国际贸易上升以后国家间怎么分配。

第二次世界大战后，国际经济秩序从修复贸易活动开始，是因为根据凯恩斯理论，国际贸易是一国总需求的一部分，而实现经济增长需要刺激需求。所以很显然，第二次世界大战后国际经济秩序是依照凯恩斯的宏观经济指导思想建立起来的。

第二，布雷顿森林体系方案完全排除了自由主义的方案。布雷顿森林体系允许并且鼓励成员国进行资本流动管制。凯恩斯说，金融资本的管制并非针对第二次世界大战过渡期，而是一种永久性的制度安排，根据协议，每个成员国有明文规定的权利管理所有资本的流动。

布雷顿森林体系排除自由主义的原因首先是1933年危机。"大萧条"使得新古典主义或新自由主义政策遭遇失败。其次是1947年危机。这次危机前，美国的银行资本还很强劲，布雷顿森林体系成立之后，他们曾努力在美英之间实现两国资本流动，但很快英国出现支付困难，造成1947年的危机。最后是美国的罗斯福新政。罗斯福认为，1933年危机是由华尔街造成的，所以罗斯福新政时起用的怀特、摩根索等人，都是反自由主义的官员。罗斯福告诉大家，"未来的世界金融中心，既不是伦敦，也不是华尔街，而是美国财政部"。参与布雷顿森林体系谈判的美国官员都来自美国财政部，而非美联储，当时的美国人倾向于排除银行家，让财政官员负责谈判。

第三，资本流动会影响宏观政策。因为当时各国都采取扩张性宏观政策，资本流动会影响一国的宏观经济政策。在凯恩斯和怀特看来，正常的贸易、正常的资本流动也会影响一国的宏观经济。在当时的情况下，各国汇率是不一样的，如果放开资本，只要A、B两个国家汇率有差异，资本就会流动，而资本一流动，宏观经济政策效应就会下降，这就是所谓的财政和货币政策的溢出效应。

第四，第二次世界大战后的国际经济秩序是恢复国际贸易的秩序，所以资本的流动，在当时看来会影响到汇率稳定，汇率稳定被破坏，国际贸易就有可能出现支付困难，那么战后新的国际经济秩序就会被资本流动所冲垮，因此，自由主义方案被排除在外。

但是布雷顿森林体系中也带有新自由主义的因素。促进国际贸易的内在经济学前提是贸易具有创造效应，两国之间如果有贸易，整体福利可以超越生产可能性边界，这是新古典的理论。布雷顿森林体系之所以出现问题，是因为实际上它还是强调平衡贸易。

简单来说，平衡贸易就是去除货币，例如中国向美国出口商品，如果我们不用美元结算，美国人一定要用美国货来换，所以双方一定是平衡的。布雷顿森林体系设计之初，用美元做结算，美元只是起到交换媒介的作用，贸易双方还是平衡的。哪怕存在一点不平衡，国际货币基金组织做小的调整，有盈余的国家借给赤字的国家就可以了。但后来赤字变得太大，国际货币基金组织调整不过来，这就给新自由主义再度复兴创造了条件。

罗斯福去世也使得美国对外政策发生了很大变化，大量银行界人士进入美国外交决策进程。在当时的美国，以银行家为代表的新自由主义支持者们努力使资本开始流动起来。但刚一放开，英国就出现了支付困难，美国商品就卖不到英国去，整个布雷顿森林体系面临崩溃。因此，由于1947年这场危机，资本的自由流动在布雷顿森林体系最终文件当中没有得到体现。

尽管如此，国际清算银行还是被保留了下来。它是布雷顿森林体系下的国际机构，是1931年由美、英等国私人银行和中央银行所组成的国际协调机构。它是第一次世界大战过后美国尝试走向世界时，由银行家而非政府出面建立的机构。它是自由主义的机构，不是布雷顿森林体系的机构。尽管第二次世界大战后，私人银行并不能调控欧美经济，须由政府出面（这也是为什么美国的银行家不能主导布雷顿森林体系的重要原因），但这个机构被留下了，直到今天，并且成为解决全球化问题的主要机构，也使新自由主义得以复兴。

## 四、欧洲市场与新自由主义的再度兴起

1. 与新自由主义兴起相关的第一个事件就是欧洲市场的出现。欧洲市场是第一个离岸金融市场，主要以美元为主。1945—1958年，美国贸易从顺差慢慢改为逆差，美国的大量贸易伙伴开始存有美元。随着美

元积累的增长，到1958年时，美元作为国际货币，需要有投资手段，或者说它需要有资本。随着美国的赤字越来越多，世界上的美元越来越多，美国国库中黄金的数量没有增长得那么快。在这种情况下，一定会出现对美元的投机冲击。但布雷顿森林体系考虑的只是平衡贸易，并没有考虑不平衡贸易。由于资本管制，世界上大量的美元资本无法投到美国，只能放到美国以外，于是放到了英国伦敦。

2. 欧洲市场的出现，标志着全球化的真正形成。因为资本开始流动，全球并购热潮出现在1958年、1960年以后，FDI投资的热潮出现在1958年、1960年之后，更重要的东亚经济奇迹出现在1958年、1960年以后。外汇通过贸易得以积累，然后被放到国际金融市场上，再经国际金融市场投放到世界各地。

按照马克思的说法，经济全球化的标志就是商业资本、产业资本、银行资本（或者叫金融资本）在全球市场的出现。离岸金融市场完全是国际市场，它不受任何国家的金融控制，它和以往的借贷市场的一个最大区别在于，可以在英国存美元、借美元，但不需要兑换成英镑。这是全球化一个很重要的标志。

3. 实际上正是这个市场出现以后，才有中国改革开放的伟大奇迹。发展经济学认为，发展中国家经济要起飞，往往面临双重约束，即资本约束和外汇约束。换句话说，在这个市场出现之前，一个落后国家要成为发达国家，一定得走资本原始积累的道路，例如苏联不可避免地必须用现代化工业剥削农业。而国际金融市场出现后，跨国公司可以通过资本带着技术，甚至市场，参与全球化进程，只要你有禀赋优势，你就可以发展经济、参与到全球化的过程当中。所以，这个市场出现以后，真正的全球化出现了，标志就是外围国家大量进来了，日本、韩国、中国等等许多国家在短短的几十年中就发展起来了。

英美为什么对此持支持态度？英国是一个衰败的金融帝国，伦敦的金融中心在第二次世界大战后衰败，英格兰银行支持的原因显而易见：

当英镑业务在衰退的时候，如果伦敦能够成为美元的业务中心，就能维持它们的金融霸权地位。

美国人支持的原因则在于：第一，美国的商业银行、私人银行要求资本流动，但一直受制于美国政府，为追求更多的商业利益，就只能转投海外市场。这也是为什么最早登陆伦敦市场的是美国的跨国银行。第二，随着美国的赤字越来越多，世界上美元越来越多，而美国国库中黄金的数量并未如此快速增长，这时美元兑换黄金的比价已经失衡，美国人担心美债持有者到美联储来兑换黄金，倘若伦敦有一个新的升值机会，他们便会把资本投到伦敦。所以，这两个布雷顿森林体系的核心国家，面对这个新生事物，从一开始就是支持的。

## 五、全球化的根源是金融自由化

1. 新自由主义复兴的第二大事件是美国政府放松对资本的管制。20世纪70年代，国际资本开始放松，流动性加强，这对美欧经济都产生了冲击，其中最重要的冲击是欧洲的通胀压力。由于欧洲的实体经济好于美国，所以资本账户微微开放，使得热钱都涌向欧洲。由于通胀压力，除美国外，所有的布雷顿森林体系成员国都要求美国回到怀特和凯恩斯的方案当中，即对资本进行合作管理。但因为资本流动量大，美国予以拒绝。

为什么拒绝？在20世纪70年代，美元作为国际货币是拥有结构性权力的。拿着美元的人只有两个选择，一是美元持有者的美元在增加，若要维持和美元比价，就必然要发行同量的本币，由此推高通胀。二是美元已经降价，但美国不宣称美元对黄金贬值，其他货币只能宣布对美元升值，放弃浮动汇率。对美元升值，在国际贸易领域当中会改变贸易条件，使得这些国家对外出口的竞争力下降。美元的结构性权利，使得美国无论是外部赤字还是内部赤字，都可以让贸易伙伴去负担。

现在特朗普到处在退群，但实际上第一个退群的不是特朗普，是尼克松。尼克松退出布雷顿森林体系的逻辑是：只要把美元和黄金盯住，那货币的竞争力就没有了，所以要放弃。

随着新自由主义兴起，美国政府在资本管制上的放松给予新自由主义者实际支持。新自由主义开始介入美国的外交政策，其中最为积极的是芝加哥学派，他们甚至负责给当时到国际货币基金组织推行新自由主义的美国官员、财长和美联储主席撰写演讲稿。

2. 新自由主义的兴起一定建立在美国的产业资本和银行金融资本利益一致的基础上。布雷顿森林体系建立初期，他们的利益是不一致的，银行要资本流动，必然导致汇率变动，而汇率浮动使得美国跨国公司出口受阻。新自由主义兴起时，美国的金融业开始发展起来，美国的国际资本流动会带动制造业的对外投资扩张，也促进美国产业界发展。

传统自由主义国际机构，主要是国际清算银行（BIS），在20世纪60年代后开始活跃起来。到了美国彻底自由化以后，金融危机也开始增加，BIS参与了救助工作。

金融自由化以后，BIS给出了一个管制金融危机的方案：第一，美国出现信贷危机时，BIS承担最终贷款人的角色；第二，拉美出现债务危机时，BIS提出在金融自由化过程中要实行国际监管；第三，1987年美国股市出现灾难性崩溃后，BIS提出核心资本的监管方式，放弃凯恩斯主义传统的准备金、存款保险的分业监管模式，采取混业经营模式。

3. 新自由主义在全球范围内迅速兴起的原因在于：第一，各国央行首脑拥有相同的学术背景，在金融自由化的观点上容易达成一致；第二，金融自由化造成的政治风险是隐性的，跟贸易不一样，贸易风险直接针对的是利益团体，而金融自由化风险针对的是整个国家，因而它具有一定的隐蔽性；第三，金融自由化可以采取单边政策获得，而在贸易领域，必须采取多边或双边的互减原则。

美国标榜金融自由化水平高，资本一直流向美国，美国具有全球配置金融资源的能力。一旦美国实现金融自由化，各国纷纷效仿。金融自由化不需要协调，不需要我开放一点，你开放一点；相反，只要我开放了以后，我有效果，大家都会开放。而贸易不一样，在贸易领域，不能说单边降了关税，福利一定提高。

这一点正好造成今天的情况。现在的反全球化，实际上反的是贸易。但是全球化其实是金融自由化的结果，因此反全球化并没有反到点上。反全球化往往只反贸易，聚焦金融领域的反对呼声并不高，实际上真正全球化的来源、根源是金融的自由化。

对话人大名教授系列讲座 2018 年 5 月 18 日晚继续开讲，本期邀请的是中国人民大学国学院常务副院长、蒙古史以及清史、西域史等方面最知名的教授之一——乌云毕力格。他主要围绕明末清初的草原交通展开论述，对明末清初那段草原的历史娓娓道来。在他看来，草原丝绸之路不仅仅是简单的商业通道，而且是人类文明和文化交流的一个重要路线。

# 从一段明末清初的秘史，理顺草原丝绸之路的渊源

□ 乌云毕力格

各位老师，非常高兴受人大重阳的邀请来作报告。我主要从事蒙古史研究，对丝绸之路没有做更多的研究，所以我想从我的专业角度去谈一谈明末清初的草原交通。

## 一、草原丝绸之路在蒙元时期达到顶峰

丝绸之路不仅指商业贸易的路线，也不仅指丝绸贸易，它更是整个东西方世界的物质文化和精神文明交流通道的代名词。在古代的丝绸之路当中，草原丝绸之路在欧亚交通和东西文化交流中具有举足轻重的地位。

草原丝绸之路主要是指蒙古草原地带沟通欧亚大陆的大通道。这条大通道由中原地区向北越过古阴山（今大青山）、燕山一带的长城沿线，西北穿越蒙古高原、南俄罗斯草原、中西亚北部，直达地中海以北的欧亚地区。欧亚草原是游牧文明的摇篮，经济发展历来以畜牧业为主，出产大量的粮食、纺织品以及手工业品等等。它位于欧洲、中原汉地和西亚三个文明地区之间，对丝绸之路和东西文明交流具有重要的意义。

由于蒙古人的兴起以及他们对欧亚的征服，草原丝绸之路在蒙元时期达到了顶峰。元朝正式建立驿站制度，以上都和大都（今天的北京）为中心，设置了三条主要驿路，构筑了连通漠北至西伯利亚、西经中亚达欧洲、东抵东北、南通中原的发达交通网络。

元代欧亚交通空前繁荣，首先是得益于蒙古人建立的人类历史上前所未有的横跨欧亚大陆的大帝国——蒙古帝国。蒙古帝国将西从黑海南北、德聂伯河流域，东至太平洋，北自北极圈附近，南至印度洋的广袤地域置于自己的控制之下。蒙元帝国把"日出之地至日落之地"归于一统，开创了世界历史上民族融合和东西文化交流的新纪元。

元朝以中原和蒙古高原为中心，再由金帐汗国、察合台汗国、窝阔台汗国和伊利汗国围绕，从地中海东岸、黑海南北至太平洋，从近东、西亚、中亚到中国东南沿海地区，均尊奉元朝皇帝为大汗或皇帝，接受他君临天下的宗主权，对其称臣纳贡。这是当时元朝和周围四大汗国的疆土，可以看到，现在的中国、俄罗斯、中西亚和整个东欧地区都在蒙古统治范围之内。

所以，大半世界在蒙元时代归为一家，海内外归于帝国版图，正所谓"四海为家""无此疆彼界""使驿往来，如行国中"。元朝人自己说"适千里者如在户庭，之万里者如出邻家"。所以，13、14世纪叫作蒙古时代，于是也有了那个时代是"世界史的开端"的认识。

元朝后期，蒙古四大汗国脱离中央政府的控制。元朝灭亡以后，明朝和北元形成了对峙局面。有明一代，东蒙古雄踞在蒙古高原的中东部；另外一部分，当时汉文史料叫瓦剌（卫拉特人），是西蒙古人，他们活跃在蒙古高原西部和中亚草原。17世纪，卫拉特人强盛，草原的活力再次激活了欧亚交通。卫拉特人东与清朝交往，西与俄罗斯贸易，把欧亚交通连接了起来。俄国开始派遣正式使节到清朝，得到了卫拉特人的协助来到了北京。清朝和土尔扈特汗国互派使节。在整个过程中，卫拉特蒙古人和草原的战略地位起到了关键的作用。

## 二、卫拉特人是什么人

卫拉特人是什么样的人，他们在明末清初起到什么样的作用呢？元代的时候，卫拉特人叫作斡亦剌惕，明代叫作瓦剌，清代又叫厄鲁特、额鲁特。当代卫拉特人活动地区很广：在国内，他们主要分布在新疆、青海和内蒙古最西边的阿拉善地区；在国外，他们一部分是在俄罗斯的卡尔梅克共和国，还有一部分是在蒙古国的西部。

元朝初期，卫拉特人生活在色楞格河以北——蒙古国最北边，和俄罗斯接壤的地方——也就是色楞格河、叶尼塞河上游一带。元朝后期，他们逐渐向南发展，15世纪曾经一度控制过蒙古高原。16世纪开始，卫拉特人继续向中亚发展，控制了包括北至额尔齐斯河中游亚梅什盐湖，南到天山山脉，东至阿尔泰山脉，西到哈萨克斯坦巴尔喀什湖一带的广阔天地。当时，他们称作"四卫拉特"，意思是他们主要由四个游牧集团组成，包括准噶尔、杜尔伯特、土尔扈特和和硕特（见图1）。

图为《皇清职贡图》里的卫拉特人。

**图 1　《皇清职贡图券·卫拉特》**

# 三、17 世纪卫拉特人的两次大迁徙

17世纪卫拉特人有两次大迁徙。第一次是四卫拉特当中的土尔扈特人向东欧草原迁徙。他们曾经生活在现在的新疆塔城一带，1628年大概5万户人离开这个地方，奔向里海以北的伏尔加河下游的草原上。1630年以后，他们到达伏尔加河下游，并在乌拉尔河和伏尔加河之间，建立了土尔扈特人的政权，历史上叫土尔扈特汗国。

18世纪70年代乾隆时期，一部分土尔扈特人离开了伏尔加河流域，回到东方故土，也就是现在的新疆。他们的后代就是现在在新疆生活的土尔扈特人。有关这一历史我们有很多资料，像《东归英雄传》这样的小说、电影，讲的就是他们。简而言之，他们在17世纪初到伏尔加河流域。后来，一部分回来了，另外一部分留在了那里，那些没有回到故土的土尔扈特后裔现在生活在俄罗斯的卡尔梅克共和国境内（见图2）。

《西域图册·土尔扈特风情》　［清］明福绘。纸本、设色，每半开纵36.8厘米，横43.9厘米。中国历史博物馆藏。

131

**图2　土尔扈特人游牧生活迁徙情况**

第二次大迁徙也发生在17世纪，四卫拉特当中的和硕特人离开新疆来到了青藏高原。1637年，和硕特人的首领顾实汗率领卫拉特联军进军青海，占领青海以后，1640年征服了四川云南一带的藏族聚居地区。1642年，他们统一西藏，建立了和硕特汗廷，整个青藏高原尽在和硕特人统治之下。

这两部分人走了之后，剩下的就是留在故土的卫拉特人。他们在中亚和新疆北路一带活动，主要是现在的阿尔泰山以西的北疆地区，西至哈萨克斯坦的巴尔喀什湖，包括吉尔吉斯斯坦等地。当时这些人一直处于封建割据状态，直到1678年，葛尔丹在卫拉特人的中亚故土建立了政权，历史上叫准噶尔汗国。它还控制了南疆，即维吾尔族人的生活聚集区。

17世纪30年代以后，青藏高原、中亚以及伏尔加河和乌拉尔河流域之间的东欧草原都处于卫拉特人的控制之下，这就意味着欧亚陆路交通的要道都被卫拉特人所控制。这是建立和硕特汗廷的顾实汗，他后来居住在西藏（见图3）。

**图3　顾实汗像（布达拉宫壁画）**

　　和硕特汗廷控制整个青藏高原，再往北包括今天的新疆、吉尔吉斯斯坦、哈萨克斯坦中亚草原等地。往西是里海北部、伏尔加河流域和乌拉尔河流域之间，则是土尔扈特汗国。因此，从欧洲到东亚、欧亚大陆交通线主要要道都被卫拉特人所控制。这就是为什么他们在16世纪末17世纪初——也就是明末清初的这段时间——在这条交通线上起到如此重要的作用。

## 四、卫拉特人曾把控欧亚草原交通要道

　　下面分两个专题来讲，一是割据时期的卫拉特人与欧亚交通，主要以阿巴赖台吉为例来讲述，以及卫拉特人协助俄国与清朝沟通的历史。

二是1678年噶尔丹建立准噶尔汗国以后的欧亚交通，这部分主要讲述四个使团与清朝的交往故事。

### 1. 阿巴赖台吉与清朝和俄罗斯的交往故事

关于割据时期，中亚卫拉特人和清朝、俄国的交通，我想以阿巴赖台吉（台吉是指贵族）游牧集团为例，他是和硕特部首领拜巴噶斯的儿子。他的领地正好分布在斋桑湖以西和斋桑湖以北的北额尔齐斯河中游，最北边到著名的亚梅什盐湖，这个湖现在哈萨克斯坦的东北部，与俄罗斯相接，这样的地理位置在与俄国的交往贸易中很占优势。

割据时期的卫拉特游牧集团对外关系以经济为主导，各部没有统一的政权，各部利益不统一。他们对外主要是寻找各个游牧集团的畜产品市场和定居农业文明的物资来源。阿巴赖首先和清朝建立了比较密切的关系。据文献记载，阿巴赖从1646年开始就派使者到北京和清朝进行贸易，后来在1647年、1649年、1651年、1655—1656年、1658—1659年，都有记录显示阿巴赖台吉派遣了使者前往清朝。

阿巴赖台吉和清朝的交往内容非常丰富。他为了在额尔齐斯河流域建造一座寺庙，专门到北京请求清朝援助。清朝批准了他的请求，并派出木匠、瓦匠、泥水匠协助建造寺庙。此事在清朝档案里有记载。这个寺庙是阿巴赖的政治文化中心，地处额尔齐斯河和贝什喀河汇合处，现在哈萨克斯坦乌斯季卡缅诺戈尔斯克以南70公里处。

2009年，我曾经到那里进行考察，那里依然存留着当时寺庙的遗址。遗址的北边和西边全是高山，前面是平原。在平原地带，阿巴赖建造了很高很厚的城墙，这实际也是当年中原匠人帮助他建造的（见图4）。

**图 4　寺庙的遗址**

　　卫拉特贵族们来到清朝，一方面是为了加强双方的关系，另一方面也是为了进行贸易，理藩院的满文题本里也有相关记载。举个例子，1655年阿巴赖的哥哥派了一个使团，第一部分共205人，光是贸易用马就有2000多匹；另外一行26人，贸易用马400匹；还有一行17人，贸易用马800匹。所以，当时贵族使团248人，贸易用的马匹超过3200多匹，可以想象当时中亚和清朝内地之间的贸易路上的使团规模是多么庞大。清朝准许他们的进贡使节进入关内，其他人前往呼和浩特做贸易。

　　卫拉特商队道路：卫拉特人经巴里坤来到哈密，再到嘉峪关，经过河西走廊来到内蒙古境内，经过阴山山脉到呼和浩特，再经过张家口——大部分是今天的国道线路——来到北京。

　　阿巴赖在北部也和俄罗斯进行贸易。16世纪末俄罗斯的势力逐渐向西伯利亚渗透，建造了一系列要塞和城市。随着双方关系日益密切，卫拉特各部与俄罗斯的贸易活动也随之展开，于是和俄罗斯的贸易和对贸易路线的控制显得越来越重要。

　　伏尔加河流域是天山北路准噶尔人经由额尔齐斯河流域进入俄罗斯

并前往莫斯科的要道。土尔扈特汗国居于乌拉尔河与伏尔加河流域之间，该汗国的存在自然妨碍了卫拉特领主们和俄罗斯的通使和贸易。为了有效控制这一商道，阿巴赖台吉就加强同俄国的关系。1650年，阿巴赖台吉派遣使者到托博尔斯克，请求沙皇把原来属于叶尔马克的两件铠甲送给他。

叶尔马克是一个哥萨克首领，最初是匪帮头目，犯罪以后逃到西伯尔汗国。16世纪他征服了汗国，占领了首都西伯尔，后来叶尔马克就充当了俄罗斯向西伯利亚地区扩张的主要干将。当时沙皇为嘉奖他，曾赠送给他一个印有双头鹰标记的铠甲。据传说，如果作战将士从叶尔马克坟头上拿一把泥土带着去征战的话，肯定会打胜仗；生病的人到他坟头上停留一阵，病也有可能会好。

阿巴赖非常崇拜叶尔马克，但他向沙皇索要铠甲，是想以此暗示，他现在居于西伯利亚地区并处在俄罗斯和蒙古要道上，他也可以扮演当年叶尔马克所扮演的角色。沙皇当时同意了他的请求，派了一个使团到了阿巴赖的都城，送去了叶尔马克的铠甲（见图5）。

图5　俄国使团到了阿巴赖的都城，送去了叶尔马克的铠甲

阿巴赖台吉与他的叔父在伏尔加河流域汇合，共同与土尔扈特汗国为敌。1671年，阿巴赖打败了土尔扈特的首领书库尔岱青，把他送到准噶尔，又杀死了他的儿子朋楚克。1672年，朋楚克的儿子阿玉奇袭击阿巴赖，打败并俘虏了他，后来阿巴赖被送到俄罗斯，他大概就死在那个地方。

### 2. 割据时期，卫拉特人协助俄国与清朝沟通

早在明朝末年，1618年，沙皇俄国就想和中国接触，所以沙皇俄国派遣佩特林作为使者曾经出使过明朝的中国。佩特林使团从托博尔斯克出发，来到现在蒙古国的西北，通过图瓦进来，经过蒙古国西部，再通过扎萨克图汗地方，再经过呼和浩特、张家口来到北京，使团在卫拉特东面的喀尔喀蒙古人（现在蒙古国境内主体）的支持下完成旅程。明朝皇帝当时没有予以接见。

不久，明朝灭亡、清朝入主中原。1653年，沙皇俄国决定正式派代表到北京。他派了一个代表名叫巴伊科夫，主要目的是和清朝建立外交关系，希望了解沙俄和中国之间可以进行哪些商品贸易、俄中交往是不是可以获得更多的利益等等。

1654年，巴伊科夫就从西伯利亚的托博尔斯克前往清朝，当时俄罗斯人对蒙古国和中国一点了解都没有，所以他们就希望老朋友阿巴赖派人陪同巴伊科夫完成这个使命。于是，阿巴赖派人陪着巴伊科夫使团来到北京，并于1655年抵达。抵京之后，顺治皇帝也没有接见巴伊科夫。为什么呢？因为当时发生了礼节上的问题，清政府要求他按照清朝的礼仪磕头，而巴伊科夫说他没有得到沙皇这样的指令。

### 3. 土尔扈特汗国与清朝交往：四大使团活动

在东欧的土尔扈特汗国和清朝之间的交往，主要可以就四个使团的活动来讲。

准噶尔新首领策妄阿拉布坦不希望看到土尔扈特汗国与清朝之间往来过密。1699年，土尔扈特可汗阿玉奇一个儿子投奔策妄阿拉布坦，后者将其送还，而扣留其万余部众，此事导致了两个汗国的决裂。

清朝出于对准噶尔的战略考虑，积极接触和拉拢土尔扈特汗国，几次派使团访问这个东欧草原汗国。

因为准噶尔切断了土尔扈特人通往内地和拉萨的交通线，土尔扈特人和清朝使者只得绕道俄罗斯互相往来。在新条件下，清朝内地与伏尔加河流域土尔扈特汗国以及俄罗斯之间频频互动，欧亚草原交通的北路有了生机。

（1）萨木坦使团抵达北京

1698年，阿玉奇侄儿阿拉布珠尔陪同其母在西藏做佛事，但因与准噶尔和土尔扈特反目，不得而归，投奔了清朝。1704年，清朝封阿拉布珠尔为固山贝子，安置在嘉峪关外。

1709年，阿玉奇派出以萨木坦为首的使团，借道俄罗斯，经西伯利亚，经过两年多时间，于1712年初才到达北京。

萨木坦使团的公开使命，是同清朝谈判阿拉布珠尔返回土尔扈特事宜。实际上是土尔扈特汗国与清朝秘密磋商双方合作对付准噶尔，并探求土尔扈特人返回故土可能性的谈判的开端。

（2）清朝殷札纳使团抵达伏尔加河

1712年清朝派出由太子侍读殷札纳领队的使团，随萨木坦远足欧洲。随团出使的还有内阁侍读图理琛。

这是清朝路经俄罗斯到欧洲范围的第一个使团。他们在外交上的事宜清朝文献中没有任何透露，这本身就是一个秘密使命，但无论如何，加强了同土尔扈特的关系。

除了政治使命以外，这个使团还有意外的收获。图理琛回国后编纂了一部《异域录》，这实际上是给皇帝的出行报告。书中详细介绍了蒙古尤其是俄罗斯的山川道里、村镇城市、民族风土、物产、礼仪等，并附舆图。精确的地图，使得中国人第一次详细了解到从蒙古国经西伯利亚到达东欧草原的地理知识。清朝人第一次对俄国有了较为深刻的认识，后来和俄罗斯的边界交涉中，显现出了它的积极作用（见图6）。

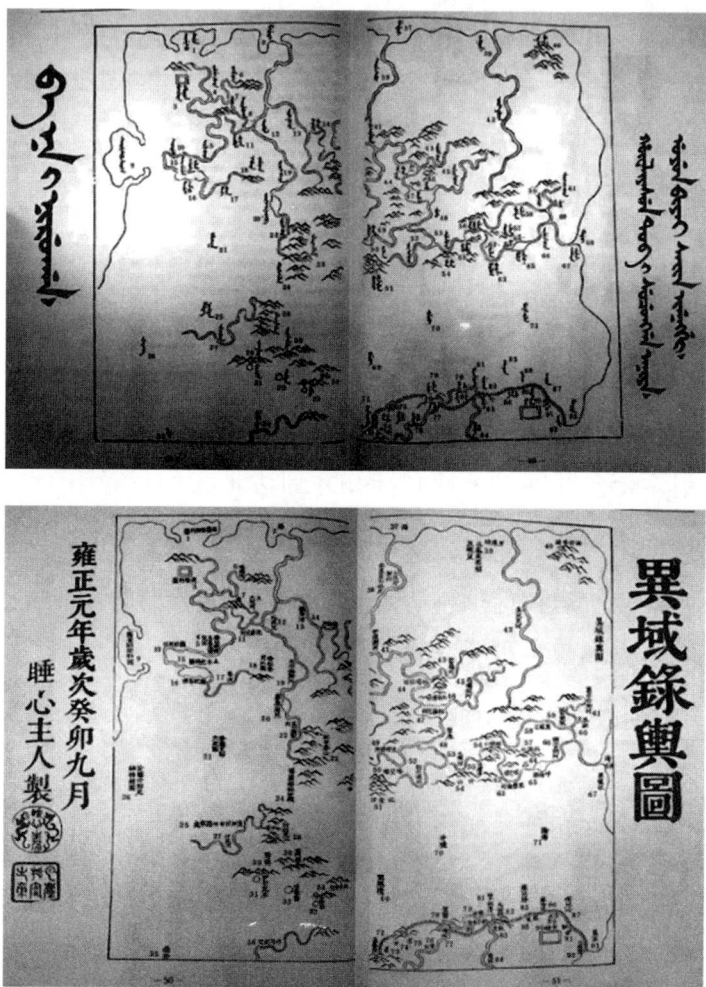

图6　雍正初年出版、用满文和汉文双语写成的《异域录》

（3）清朝满泰使团抵达土尔扈特

这个使团出使也有重大事件的历史背景。1727年，准噶尔宫廷政变。策妄阿拉布坦有两个儿子：嫡长子噶尔丹策凌，庶子是罗布藏舒努。舒努的母亲为伏尔加河流域土尔扈特汗国阿玉奇汗之女。策妄意欲让嫡长子即位，庶子舒努对此不满。1725年，舒努联合哈萨克人反叛准噶尔汗国，事情败露后逃亡土尔扈特汗国。舒努出逃后，以其生母为内应，通过土尔扈特使者实施暗杀策妄父子的计划。1727年，舒努之母毒死策妄，接着，噶尔丹策凌镇压了其继母及其所生子女。

清朝利用准噶尔统治集团内讧用兵准噶尔。与此同时，进行外交攻略，命托时等出使俄罗斯，命满泰等随团到俄罗斯，再次前往土尔扈特。

托时使团名义上是庆祝彼得二世即位，其真正目的是在攻打准噶尔战争中得到俄罗斯的支持。而满泰等人前往访问土尔扈特汗国，同时计划前往中亚布哈拉汗国、哈萨克汗国等地，主要任务是争取土尔扈特汗国出兵准噶尔，争取哈萨克人等和清朝配合，另外一个特殊任务就是接触和争取舒努。当时舒努在土尔扈特只是孤家寡人，并无军队，只是寄人篱下的一个"丧家之犬"而已。

雍正皇帝仍不死心，1731年又派出了班第使团前往土尔扈特。1733年秋无功而返。

满泰使团未能完成争取舒努和土尔扈特出兵准噶尔的目的，也未能把舒努带回北京。但是，无疑加强了清朝和土尔扈特的关系，这对后来土尔扈特人离开东欧草原返回故土起到了积极作用。而托时使团则正式访问俄国，祝贺沙皇登基，加强了两个帝国的相互沟通。

（4）南喀格隆使团抵达北京和拉萨

佛教是土尔扈特人政治和社会生活中的至关重要的内容，因此拉萨圣地也成为了连接当时东欧草原和亚洲腹地的一个重要接点。土尔扈特人借道俄罗斯西伯利亚平原，绕道北京，再从北京西上，经西宁路或者四川路赴藏。

1724年，阿玉奇汗去世，其子策凌敦多卜即位。策凌敦多卜为了巩固他的地位，寻求东方大国清朝的支持和达赖喇嘛对其汗位的承认，于是向清朝和西藏派出了使者。

使团以大喇嘛南喀格隆为首，于1730年从伏尔加河流域出发，沿着图里琛曾经走过的路线，途径俄罗斯的西伯利亚，穿过外蒙古和内蒙古，抵达北京，再从北京赴四川，从那里赴西藏朝圣，从西藏又原路回到俄罗斯，往返用了两年时间（1730—1732年）。

南喀使团非常圆满完成了出使目的：土尔扈特汗被七世达赖喇嘛封汗，并颁给汗印；土尔扈特宗教人士们也都得到了封号。达赖喇嘛封赠的汗号、印章，对土尔扈特汗王提高其身份地位有重要的意义，对族内统治的影响自不待言，就是和俄罗斯当局的博弈中也有明显重要的作用。

土尔扈特人在文化交流方面也取得了成功：他们留下几名喇嘛在西藏继续学佛，并从西藏迎请了高僧和医生。

因为土尔扈特汗国地处欧亚草原的西段，经常和俄罗斯、东欧和中亚各民族进行贸易，所以在他们的布施品中包括俄罗斯呢子、哈萨克和回回绸缎、普鲁士呢子以及金表等。这些物资的意义非同小可，它是当时西藏和欧洲、中亚国家交流的一个重要媒介。

## 五、欧亚草原交通承载了人类文明和文化的交流

第一个方面，在明代后期和清朝初年，卫拉特蒙古活动在青藏高原、欧亚腹地，再到东欧平原的广袤地区，控制了东西陆路交通要害，对草原丝绸之路和欧亚交通产生了很重要的影响。卫拉特人建立的几个

汗国的动向，直接影响着欧亚交通的畅通和走向，充分显示了草原游牧民族对东西交通的重要性。

第二个方面，卫拉特人控制下的东西交通，既有浩浩荡荡的商队和物资交流，又有东西方世界的知识交流，比如中国和俄国在政治文化方面的相互了解、俄罗斯和东欧山川地理与风土人情等方面的知识的传播。这个时期的东西交流既有政治外交的内容，又有宗教文化的内涵。我们通过这些现象可以了解到，欧亚草原交通承载着非常丰富多彩的历史，草原丝绸之路不仅仅是简单的商业通道，而且是人类文明和文化交流的一个重要路线。

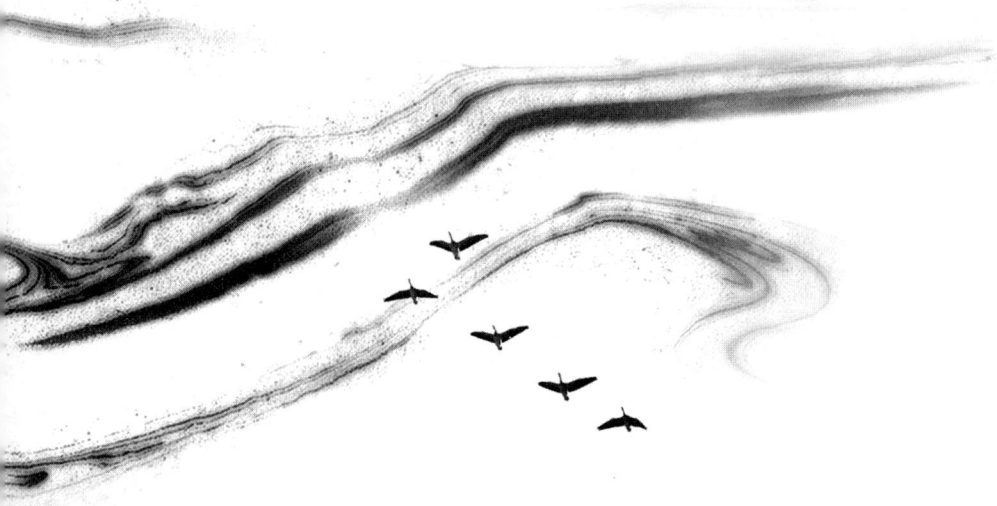

第三篇

# "一带一路"与新时代发展新动力

2017 年 5 月 9 日，中国人民大学重阳金融研究院系列讲座第 87 期暨"一带一路"国际合作高峰论坛预热系列讲座第三期在京举行。中国人民大学国际关系学院教授、重阳金融研究院高级研究员王义桅受邀发表了名为"'一带一路'——再造中国，再造世界"的主题演讲。

# "一带一路"——再造中国，再造世界

□ 王义桅

为什么再造中国？什么叫再造世界呢？因为中国想让世界因"一带一路"变得更加美好，我们不是解决自己的问题，是解决世界共同面临的难题，就像毛主席说的"中国应该为人类做较大的贡献"，"一带一路"体现出来的就是再造新世界。

梁漱溟先生，他在晚年的时候问了自己儿子一个问题：这个世界会更好吗？近代以来我们相信达尔文的社会进化论的逻辑，落后总是要追上先进的，世界是一种线性进化的逻辑。后来发现这个世界并不是简单的线性逻辑，它可能会回归，是有不确定性的。"一带一路"可以让这个世界更加美好，当然"一带一路"建设过程当中也面临各种风险。

1936 年，李希霍芬首先提出丝绸之路这个概念，后来，他的学生斯文·赫定写了一本书叫《丝绸之路》，让这个概念流行开来。他说："中国政府如能使丝绸之路重新复苏，并使用现代交通手段，对人类有所贡献。"我当时看了这句话很兴奋，所以"一带一路"作为将来中国崛起的代名词，会成为历史性的词汇进入字典。

## 一、再造中国、再造世界的逻辑是什么？

"一带一路"提出来以后，为什么陆上、海上同时进行，陆海兼备成为走向海洋文明大转型的时代，世界的方式应该改变。今天随着"一带一路"的进展，中国在创造一个海外中国，但海外中国的GDP会超过本土中国，就像今天的日本一样。以前，我们把海洋视为一种不着边际的恐惧，当然也是吃亏的来源，郑和下西洋，跟今天走向海洋不一样，他是要显示国威的，而现在我们走向海洋，是搞生产、搞建设。海洋时代正在兴起2.0版。什么叫海洋时代2.0？这就是海底世界的大数据，互联网已经不再是陆上，将来我们中国海上丝绸之路，它的关键词是21世纪，中国的海洋观是以目观海、以海观洋，而不是以洋观洋，以天下观天下。海底世界给中国提供很大的机遇，不再是主权的争端，而是分享的概念，"一带一路"不应该搞零和博弈，不是原来地盘上丝绸之路的逻辑，我们已经超越了。以前读唐诗的时候，有一句话叫"西北望长安，可怜无数山"，所以我们现在要走向西北，不是无数山，山水并不能割断我们，就像1954年康藏公路通车，贺龙同志题词，"让高山低头，让河水让路"，"一带一路"就是这样的，让高山低头，让河水让路，逢山开道、遇水架桥。《史记》里面就告诉我们要建设"一带一路"，说"东方物所始生，西方物之成孰。夫作事者必于东南，收功实者常于西北"。中国的西北西域，世界的西北欧亚大陆，这就是今天建"一带一路"的原因。

李克强总理曾经问过，什么时候中国能够克服"胡焕庸线"（从黑龙江的漠河到云南的腾冲），克服缺水、人口稀少、交通不便的问题。今天我们通过互联互通，正在解决这个难题，不仅中国要克服"胡焕庸线"，世界更要克服世界的"胡焕庸线"，世界的"胡焕庸线"在哪里？就是在中亚这块，就是在游牧民族和农耕民族古代交叉的地方。为什么中亚这些国家在古代丝绸之路只是一个过道，并没有很好地发展起来，到了欧洲走向海洋以后它更加落后了，因为它离海洋很远，为什么习近平主席三年前在哈萨克斯坦要提出丝绸之路经济带，因为哈萨克斯坦是世界上最大的内陆国家，所以世界上也有一个"胡焕庸曲线"，可能叫"一带一路"曲线，今天我们要克服它，把欧亚大陆整合在一块，互联互通，要帮内陆国家寻找海洋，改变海洋决定人类命运的时代，因为世界上90%的贸易是通过海上进行的，这就是"一带一路"再造一个世界，从再造一个中国到再造一个世界的重要逻辑。

再造一个世界就是要把丝绸之路衰弱以后，被欧洲殖民化、破碎化的世界重新整合到一块，这个世界不是帝国的扩张，而是互联互通，陆海的联通。世界夜晚灯光主要聚集在日本、美国、北美、欧洲的沿海地区，其他地区一片漆黑，人口稀少，工业化没有完成或者没有开始，所以"一带一路"要再造一个世界，要让这个灯光均衡地亮起来，要给世界点一盏灯，让他们看到光明。我们要改变原来单向度的全球化，原来叫未开化、半开化的国家，因为西方垄断了世界文明之后，把自己说得与生俱来就是先进的。其中最有名的，当时威尼斯制作很多的油画，很多学者把它的古迹包装成古希腊的东西，把复兴古希腊的东西叫文艺复兴，实际上古希腊的东西很多都是来自古埃及、两河流域的，但是它雇佣了大量的学者，把历史重新编造了一番。而四大文明古国里面，硕果幸存的就是我们中华文明，所以才能够伟大复兴，我们讲文明上的再造，就是把话语权颠倒过来，拨乱反正，把原来西方殖民的这套话语体系拨乱反正，它的神话不能再继续下去了。

为什么欧洲国家这么积极地参与"一带一路"，包括波罗的海，因为它最需要互联互通，欧洲一体化的原因是这些国家太小了，而中国现在提出一种新的方式互联互通，就是我们的"一带一路"，便能改变近代以来的逻辑。

讲一个个案，我们再造一个巴基斯坦，中巴经济走廊。巴基斯坦二十多年以前经济条件跟印度差不多，今天已经落后于印度了，它的短板有两个，一是能源，二是基础设施。据说，它的能源依靠沙特阿拉伯，沙特阿拉伯给其提供很多的资源。为什么呢？因为它的能源不独立，只能依附于沙特阿拉伯。所以，世界越来越多的不确定性，就像我们说世界会更加美好，但如果没有"一带一路"，这个世界会更加糟糕。

## 二、怎么再造？

双重逻辑，以中国经验，造共荣之势，基础设施先行，民生工程后补，以开放促改革，以改革促开放，举中国方案，建大道之行。其中什么叫道呢？我们为全球化、全球治理提供我们的道，中国的道则是使全球化更加包容、更加联动，更加本土化。原来的全球化不是老百姓的，是被迫向西方发达国家开放的一种单向度的全球化，所以，我们今天要建立一种老百姓版本的南南合作全球化。

中国梦实现以后，很多国家说原来我也可以做梦的，原来想都不敢想，说让我进入你的梦，让你进入我的梦，梦梦与共，天下大同。这就是现在很多国家都在共同成就一个世界的美好梦想，改变了从物质到制度，再到精神的西方中心论，以及近代以来拨乱反正的体系。

中国模式是要解决人类面临的贫困、贫富差距和治理的难题，让老百姓真正用得起中国制造的手机，让老百姓能够享受到互联互通的好处和民生工程，而不是制造各种泡沫，因为美国人、欧洲人搞了一种新自由主义的全球化，让世界上热钱几十万亿在泛滥成灾，凡是热钱到达的地方经济一片繁荣，凡是热钱撤走了一片萧条，所以美国经常利用热钱干涉内政，颠覆一个国家的政权。但今天中国要走的"一带一路"是要引导热钱投向实体经济，造福于我们的老百姓。

## 三、嘉宾点评

**吴思科：**讲世界观刚才王义桅教授提到这一点，我也非常赞同，对世界能不能重新审视。工业革命以后这几百年，是以西方为中心来看待这个世界的，不管是理念也好，规则也好，大家都是这样的。刚才讲两河流域文明，尼罗河法老时期的文明，中华文明，世界几个古代文明，为世界文明所做的贡献，应该是历史现实的问题，但是经过几百年，我们现在落后了，这个方面的影响也就被西方话语权取代了。

"一带一路"的提出，首先就是能够拨动我们的心弦，对我们东方民族、东方的文化在历史上所作的贡献的积淀，我们要有回应，新的时期我们携起手来，让世界更平、更通，所以对于"一带一路"的建设要更深入、更深化，这样就打破了比较长一段时间建立的中心的理论，从这一点上来说，"一带一路"的建设确实是一种文化上的再造。特别是习近平主席提出了人类命运共同体，我觉得"一带一路"的建设就通向人类命运共同体这样一个大的愿景、格局，这么一个大陆，能够把各方面连在一起。

**王灵桂：**能不能用两句话来讲"一带一路"，一个词两句话，一个叫改变了中国，一个叫改变了世界。习总书记有一句话，说太平洋足够大，完全可以放得下美国和中国两个国家。幅员辽阔，距离非常远，但是因为有"一带一路"，中国和美国的距离最短只有86公里，就是过去我们看美国，隔得层面很远，如果我们"一带一路"整个全线贯通下来，在亚洲大陆和美洲大陆，尤其是美国拉斯维加斯，最窄的地方大家量一下，也就86公里，这是"一带一路"一个最大的改变，它既是一个地理上的改变，我相信也是心理上的改进。

另外，改变了世界的世界观。我举一个特别的例子，自1919年"五四运动"以来，我们引进了两位先生，一位是德先生，另一位是赛先生，我们把科学、自由、民主、文明引进来，我们思考文明这个词哪儿来的？最初的文明概念来自哪里？来自法国宫廷的宫廷文化，它以法国的宫廷文化作为一个文明的标志和象征的标签，来衡量整个法国的社会，后来这个词在很短的时间内被西方借用，这个词是西方扩张、西方殖民、西方发展的一个非常重要的词。为什么呢？因为有了文明这个词，那就有非文明、不文明。西欧国家之外的其他国家均被贴上了不文明的标签，愚昧的世界、黑暗的世界、落后的世界，我们中国被殖民，就是因为它不文明，殖民变成一种启蒙，变成一种开化。

**霍建国：** 我觉得"一带一路"到目前为止，确实值得我们自豪，我们中国人提了一个概念，在世界上得到普遍的认可，我们回头想想，世界上熟悉中国概念的事务能举出来的很少，但是"一带一路"在三年的时间里面，被世界上大多数国家所认可，或者至少都熟悉、了解，无论是大国、小国，还是商界、政府，一说"一带一路"大家都知道，我觉得这是一个重大的突破，这个突破离不开王义桅老师这样的众多学者不断对"一带一路"概念的打造、普及。

今天世界在变，变得人们神魂颠倒，几乎把握不住世界原有的一些规律性的东西，到底我们怎么奉行一些主流的学说和观点，这是需要考虑的。在这种情况下，全球治理也好，公平与效率也好，政府的职责也好，我最基本的概念就是说，过去大家讲的物竞天择、丛林法则、自由竞争，都成为市场竞争当中重要的因素，现在看来，很多东西都是虚伪的，都有其破绽在里面，自由竞争是好的，配套需要公平的法制环境，但是我们发现真的竞争达成公平的，是不存在的。

"一带一路"到目前来看，我很自豪，我觉得中国确实干了一件大事，或者开创了一个概念，剩下的便是如何去深谋远虑、励精图治，打造出一个真正的范式或者范本，或者叫新的全球化的模式，而且需要不断地有成功案例来证明它的价值，所以，我想后面的工作可能更艰难，我们现在推的六大走廊也好，各种合作也好，应该是轰轰烈烈、声势很大，但是仔细分析有很多的风险和问题，如何防范和妥善处理，所有这一切，其实最终取决于人。

想把事情干成，打铁还需自身硬。中国最终的发展，可能还要落实到一些经济发展的基本面上来，实现中国经济的稳定增长，还是回到我们既定的方针上来，我们整个的改革底层设计都是很到位的，创新、协调、绿色、开放、共享等。但是还要真正实现高水平的对外开放，因为你支持全球化、支持多边贸易体系，所以必须通过开放来促进你的改革，促进经济发展，形成国内经济的一种主动，在国际竞争当中，我觉得这是关键。

2018年"两会"召开期间，中国人民大学重阳金融研究院特推出"对话人大名教授——两会解读系列讲座"。3月6日晚由中国人民大学国际关系学院副院长、国际问题专家金灿荣教授主讲。金灿荣教授梳理了党的十九大后中国外交的八个新变化，指出中国今年重点要利用主客场外交的机会，推进我们的议程，将外交工作做实做细。他还从中印关系、朝核问题等方面入手对中国周边安全局势及外交新挑战进行了分析。

# 党的十九大后的中国外交

□ 金灿荣

关于党的十九大以后的中国外交，我先把结论放在前面，我的结论是这样的：

第一，过去五年中国外交有很多变化，按照总理政府工作报告上的说法"中国特色大国外交稳步拓展"。

第二，党的十九大以后，中国外交具体的内容基本上就是把过去五年的变化做实，做细。过去五年外交的变化，就成了习近平新时代中国特色社会主义思想的有机组成部分。

第三，党的十九大以后，中国参与国际事务会更加坚定，目标更加明确。我们的目标就是"双构建"，构建人类命运共同体，构建合作共赢关系。中国会以更高的姿态参与国际全球治理。

第四，党的十九大以后中国外交会把党的十八大以来的变化延续下去，参与国际治理，发挥领导作用的决心会更坚决。但是在战术层面、实践层面又会求稳，不会那么急了。

下面，我想把过去五年中国外交具体的变化跟大家一块梳理一下，这是我的一管之见，供大家参考。

# 一、党的十九大之后中国外交新变化

## 1. 指导思想之新：从韬光养晦到奋发有为

习近平主席执政之前，中国外交的指导思想是邓小平同志提出的"韬光养晦"，我个人认为这是一套挺复杂的策略思想，里面至少包括四项内容：

第一，对中国来讲，内部问题永远是最重要的，内部问题当中经济发展是硬道理；第二，在外交事务上尽量不被意识形态绑架，要实事求是，从中国的国家利益出发；第三，考虑到外部矛盾的复杂性和中国能力的局限性，不主动介入外部矛盾；第四，就算麻烦找上门，除非它干扰了中国的现代化事业或国家统一，否则还是容忍低调为上，有节制地使用力量。

这四个方面加起来构成了邓小平同志的"韬光养晦"思想，我个人认为这个思想非常丰富，在战略上是成功的，为中国三十几年改革开放赢得了非常好的外部环境，所以我们要铭记它的历史功绩。但是"韬光养晦"在战术上显得中国有些笨拙，有时候有点窝囊，有点被欺负。

党的十八大以后，我们第一个变化就是指导思想变了，从"韬光养晦"转向"有所作为"，从用词上看，外交部喜欢用"开拓进取"，《人民日报》讲"奋发有为"，总之指导思想发生了变化。

## 2. 定位之新：从地区大国到全球大国

原来我们国家的自我定位是一个处在亚洲东部的地区大国，习主席执政后提出一个目标，构建中国特色大国外交，如果大家读中国外交史就会发现，大国外交中国一般不太用，大国外交一般指美国、苏联这种超级大国外交，世界级大国外交。构建中国特色大国外交给中国提出了一个崭新的定位，从地区大国变成了全球大国。

## 3. 风格之新：从反应式外交到积极进取的外交

以前我们外交的风格叫反应式外交，都是等美国人提倡议，我们来反应；但现在，中国开始更多地就国际事务主动提倡议，而且提的倡议比美国多，还快。外交部现在把这样一个新的变化叫作积极进取的外交。

## 4. 理念之新：丰富细化、放眼全球

我把过去五年间主席提的外交理念分两个层次，第一个层次是面向全球、面向未来的，主要包括四个概念：构建人类命运共同体、合作共赢的新型国际关系、开放型世界经济、新型全球伙伴网络。这些都是不错的概念。

第二个层次是针对具体问题。比如，针对中美关系提出新型大国关系；针对周边国家对中国发展的诸多猜忌，提出亲诚惠容；针对亚非拉发展中国家，提出正确的义利观，授人以鱼不如授人以渔，走出一条跟西方不一样的援助之路；针对亚洲的复杂安全形势，提出亚洲新安全观，即共同安全、合作安全、综合安全及可持续安全。其他还有新海洋观、总体安全观等等，总之有很多很具体的理念。

## 5. 战略之新："一带一路"——以自身为主塑造外部世界

新战略就是"一带一路"，我个人认为这是近代以来中国第一个以我为主塑造外部世界的战略。

1839—1949年，这110年中国社会的基调是救亡图存。新中国成立以后，很长时间是自保，所以主要奉行不干涉内政。但是"一带一路"是一个转折点，开始以我为主塑造外部世界，所以这是一个非常新的战略。

其后面的主要动机还是经济考虑。我觉得我们可以毋庸讳言，直接告诉大家，我们产能过剩，此问题若解决不好将会导致大量失业，人才浪费，影响社会稳定。但国际社会切实需要优质产能，供需缺口很大，比如离我们不远的菲律宾就是缺电的，它的电价是我们国家的3.5倍；巴西也缺电，前年巴西奥运会17天，就是国家电网的山东分公司给他们提供电力保障，依靠巴西人自己可能开幕式进行一半就没有电了，这是实际情况。中国几十年发展下来产能全面过剩，所以就得走出去。

最开始，中国对外宣传"一带一路"的时候刻意避讳我们国内产能过剩的现实，只说帮助对方发展，反而引起了国际社会的质疑，因为国际社会中不存在"活雷锋"。现在，坦率说产能过剩的实情，多数国家反倒更容易接受。

## 6. 方式之新：从体系内参与到体系外创新

我认为过去五年咱们的外交是双轨制，一方面是在现行的国际体系内积极参与，争取投票权。中国目前在联合国世界贸易组织、世界银行、国际货币基金组织等机制中参与都比较多，认缴的会费、人员都有所增加，因此相应的投票权也增加了，比如国际货币基金组织的特别提款权，人民币已经是基础货币之一，所占份额比英镑、日元略高一些。

另一方面，是在美国主导的体系之外中国推动自己的体系，最引人注目的就是成立了亚投行、金砖银行、金砖应急基金、丝路基金等等，中国还将亚信会议机制化，推动建立湄公河流域四国联合执法巡航。这些成果对美国有比较大的震撼。

### 7. 实践之新：内容充实，外延拓展

过去三十多年，中国外交基本上是很稳定的四部分，包括大国外交、周边外交、发展中国家外交、多边国际组织外交。习近平主席执政以来，在前四部分基础上，增加了四个新内容：

一是"一带一路"。"一带一路"是中国外交长期稳定的战略。

二是保护中国海外利益。中国人、财、物现在都走出去了：例如，截至2017年6月30日，中央政府拥有海外金融资产超过7万亿美元，再加上企业和个人海外资产，总额很大。再说人，海外中国人数量增多，长期驻外约1000万人，包括约300万名留学生、约500万名在各地承包工程的工人，再加个体户等。此外，出境游人数大增，2017年中国出境游总人数突破1.3亿人，差不多是美国的两倍，随着中国人个人财富增加、对旅游质量要求提高、签证越来越方便，这个数字肯定还会涨。所以，现在保护海外利益成了中国外交新实践的一个重要内容，而且以后会越来越重要。

三是讲好中国故事，提升软实力。

四是积极参与全球治理。

### 8. 全球治理哲学之新：平等、公平、普惠、包容的全球治理观

中国参与全球治理是很新近的事情，我个人认为是从2015年开始，习近平总书记在第43次政治局学习上，组织了专题学习全球治理。习近平主席在2015年9月26日联合国大会上比较系统地阐述了中国的全球治理观。这是中国全球治理的起点，开始进行理论学习、提方案。

中国的全球治理方案跟美国有四个不同：

一是永远把联合国放在第一位，美国永远把他和他的盟友体系放在第一位，中国更有道义优势。

二是中国把发展放在第一位，美国是把安全问题放在第一位。安全

就是花钱，发展就是赚钱，我们琢磨着赚钱，而美国却老想着花钱，所以局势对我们是有利的。

三是中国认为国际社会所有成员身份平等，都是伙伴，国家可以大小不同、利益不同、责任不同，但是法律身份是同等的；美国治理下的和平是有等级的：美国最高；第二个等级是英语国家，具体讲是英国、新西兰、澳大利亚、加拿大；第三个等级是美国的盟友，包括五十几个国家，但得不到美国完全信任；第四个等级就是伙伴，绝大多数国家都在第四个等级；第五个等级是中国，叫战略竞争者；第六个等级叫对手，就是俄罗斯；第七个等级是敌人，例如朝鲜、阿萨德政权、伊朗、索马里海盗、ISIS等；第八个等级是像海地、萨尔瓦多、非洲国家等完全被美国忽略的国家。

四是中国不干涉内政，美国要干涉内政。

## 二、2018年中国外交新局面

2018年，中国主要是利用主场外交、客场外交，积极推进我们的议程，4月博鳌亚洲论坛，6月青岛上合组织峰会，9月中非论坛，11月上海进口博览会。此外，习近平主席在国际上还要参加很多会，例如APEC峰会、东亚峰会、G20峰会等，所以也要用好客场外交机会，推进我们的议程，稳定大国关系及周边关系，这是今年主动要做的。

党的十九大以后，中国外交具体的内容基本上就是把过去五年的变化做实，做细。中国参与国际事务会更加坚定，目标更加明确，目标就是"双构建"，构建人类命运共同体，构建合作共赢关系，我们会以更高的姿态参与全球治理，在推进我们的议程时会稳一点。前面大开大合，比如成立亚投行、搞"一带一路"，就是把主张提出来，所以声势比较大，然后习主席出访，中巴铁路460亿美元，印尼500亿美元，项目都挺大的。

## 三、2018年中国外交新挑战

### 1. 西方新一轮"中国威胁论"甚嚣尘上

以美国为首的西方正在掀起新一轮的"中国威胁论"。美国连出5份报告，包括2017年12月18日国家安全战略报告，2018年1月19日国防报告，今年1月30日特朗普总统国情咨文，以及核态势评估报告和全球威胁报告，连续五个报告一以贯之，把大国竞争置于比反恐更高的优先级，将中国和俄罗斯并列（长时段看，还把中国放在俄国前面）为战略竞争对手。美国认为，中国对美国造成了包括生活方式和价值观在内的全面威胁，这是美国政府文件中对中美关系的新定位。

由于美国态度的变化，西方别的国家就开始仿效，对我们的态度都有点变糟糕，加拿大、澳大利亚、日本、印度、欧洲，现在都出现对我们的敌意，很多正常贸易交往和文化交流受到阻碍。

这是我们必须面临的情况，就是由于中国现在发展势头比较猛，而且外交态度积极进取，西方开始紧张起来了，不是一个国家，是整个西方联合行动。至少在西方这个方向，我们的外部环境比较糟糕。新一轮"中国威胁论"会延续一段时间。

### 2. 朝核问题到了必须解决的临界点

朝核问题不会再拖下去了，原因就是朝鲜的技术进步逼近了美国的红线，对美国来讲时间窗口不多了。朝鲜从1992年开始启动它的核计划到现在26年了，它取得了扎扎实实的进步，它的导弹技术、核技术都在前进，按照美国的说法大概最慢是两年，快也就是一年，朝鲜就可以拥有带核弹头的，能够打到美国本土的洲际导弹。

所以我个人推算，这个问题很快就要解决。如何解决现在很难判断，谈判解决的可能性是存在的。从1月1日开始到现在两个多月，围绕平昌冬奥，南北缓和不错，昨天韩国高级代表团到了平壤，金正恩还宴请他们，这是很难得的。但是我认为他们最后还得拿出一个解决核问题的方案，否则这个问题绕不过去，关键还是看美国和朝鲜。

另一个可能性是找到某种妥协方案。朝鲜现在有一个妥协方案，不发展洲际导弹技术了，但保留现在的远程导弹技术，这样可以威胁中国、俄罗斯、日本、澳大利亚、菲律宾，可是威胁不到美国，然后保证核不扩散，保证技术不给恐怖分子，以此换取美国接受朝鲜是核国家。美国在犹豫是不是接受这个，如果美国接受了，其实对中国也不好，等于接受朝鲜带枪投靠，这也是挺恐怖的结果。

还有一个可能性就是打。打起来也对中国不利，可能造成核泄漏，或者大量难民涌入中国东北。

无论哪一种结果，都对中国利益有影响，我们要拿出一些方案应对。

### 3. 印度野心需警惕

去年有一个动向，美国、澳大利亚、日本拼命在谈印太概念，我认为美国的目的是想办法巩固与盟友的关系。美国的北锚是日本，南锚是澳大利亚，这两个兄弟很可靠。美国希望在巩固这个的基础上再拉新的帮手，这个帮手首先就是印度，然后是印度尼西亚。

印度首先很自信，自我感觉经济和军事现代化都不错，而且现在穆迪政治地位很稳定，如日中天，加上在国际上左右逢源，现在印度自我感觉相当好，这是一个情况。另外，印度对我们非常不满，觉得我们中巴经济走廊是穿过了巴属克什米尔，在挖它的墙角；现在在尼泊尔、斯里兰卡、孟加拉国、马尔代夫，我们的影响力也都在上升，这些国家不像以前那么听印度的话，印度都是很不高兴的。另外，去年穆迪访美，美国人支持印度成为联合国安理会常任理事国，结果五个常任理事会里面只有中国反对了，所以印度现在对我们印象非常差。

这时候美、日、澳搞印太同盟，拉拢印度效果比较好，我很担心这个地方出事，如果发生一些事对我们会很不利，一个是边境摩擦，2017年6月18日洞朗摩擦，解决时中国暂时停止修路，印军后撤。另外，印度还有可能应马尔代夫反对派的邀请出兵马尔代夫，推翻现在合法政府，然后撕毁中马合作合同，如果出现这种情况中国也很难应对。此外，印度拉17个国家搞印度洋军事演习，明确演习目标是印度洋海上封锁。中国对外贸易中，商品贸易世界第一，90%是靠海运，当中70%是走印度洋航线，印度在这里封锁一下。

### 4. 台海局势微妙，存在潜在冲突风险

目前，美国、日本、印度都有动机打台湾牌，这样的话就很危险，因为现在两岸关系明显是不好的，这时候再打台湾牌很麻烦。如果特朗普签署了台湾旅行法，蔡英文就可以到华盛顿去了。

另外，去年12月，美国通过了2018财年的国防预算，其中有一个1259条款，美国国会建议美台军舰互访，这就很危险，如果美国军舰真的跑到高雄去了，那是很危险的。

## 四、现场互动

**问：在可预判的时间之内，是否会解决台湾问题？**

**金灿荣：**党的十九大报告三个地方讲到台湾问题。其中第三部分的第十二个具体工作步骤里面有这么一段，"实现国家完全统一是中华民族伟大复兴的必然要求"，这么明确地把台湾问题和民族复兴挂钩还是头一次，说明党中央解决这个问题的决心。最后怎么解决不太好预测，

目前还是"软硬"两手准备，解决台湾问题很大程度上取决于台湾朋友的智慧。

**问**：前几天刘鹤访美的过程中，美国出台了一个关于铝和铁的关税，这个关税征税点还是比较高的，我想问老师关税的出台是不是意味着刘鹤去美国救火失败了？从年初开始，美国就开始好几轮对中国的贸易制裁，今年有没有可能贸易战争开始？

**金灿荣**：刘鹤去访问，跟春节时候的美国制裁没有关系。现在四个制裁，太阳板、冰箱、铝、钢，炒得很凶，但是涉及金额很小。刘鹤去美国，还是希望稳定中美关系。尽管美国五个报告都骂咱们，但是中国首先没有反驳，其次这一个月连续派两个政治局委员去沟通，沟通还是有结果的，中美只要能谈就行。美国现在是这样，不是光骂我们，谁都骂，所以我觉得中国现在要保持定力。美国现在的贸易保护主义是全面的，不是专门针对我们的，所以我们要有足够的涵养与忍耐。

贸易战不要害怕，贸易战不会大打，主要是美国不断搞小动作以获取国内支持。如果美国大打贸易战，中国或者欧洲开始真正反击，美国也是很难受的。

**问**：未来中美俄战略大三角关系，是否会出现美国联俄斗中？

**金灿荣**：应该这么说，在2016年选举的后半段，特朗普当局确实有几个重要人物是出来说了，说以后的政策是联俄制华。但是后来的情况是，联俄联不成，未来还是看俄美矛盾能不能得到有效的缓和，至少短期内是非常困难的。我个人认为，只要普京在任上，就不可能缓和，普京会维持俄罗斯大国地位。另外，美国现在好像深信俄国是一群克格勃管理的国家，对通俄门耿耿于怀。

这是美俄关系的情况，他们的矛盾深刻性超过我们的想象，肯定也超过美国人自己的想象。美俄关系实际障碍比中美关系还大一点，联俄制华，如果中国不犯太多的错误，这个就做不到。

**问：您认为未来中国的中东政策是什么？会介入中东事务吗？**

**金灿荣：** 以前常说，"中东是帝国的坟墓，别去，让美国待着就好"。但是从2015年开始，咱们想协调中东，先到沙特，然后中间到中立一点的埃及，然后又到伊朗，一般国家很难这么走的，因为沙特和伊朗这两个国家是极端对立的关系，结果我们还就是在一趟行程都去了。所以我认为，中国开始适度地介入中东事务，而且会主要靠经济杠杆发挥作用。国际关系学界还有一句话，"是不是世界大国，就看在中东有没有影响力"。因此，中国跟以前相比会适度介入中东，但是根本方式跟西方不一样，不会拉一派，打一派，搞势力范围，我们主要是靠经济杠杆。

**问：怎么通过更多外交手段解决非传统安全问题？**

**金灿荣：** 我们国家主要的威胁还是传统安全，比如中美竞争、印度捣乱，朝核问题、中国台湾问题主要还是传统安全。但是随着中国开放，非传统安全问题确实也在出现，比如外边极端宗教势力渗透，还有疾病、气候变化等等，因为中国是世界的一部分了，世界上非传统安全的问题，我们都跑不了的，也得解决。

对今天的中国来讲，我们还是传统安全放在第一位，非传统安全第二位，但是非传统安全恰恰是我们跟国际社会合作的机会。

**问：现在面临这么多"中国威胁论"，我们可不可以重启国际统一战线？假设可以的话，它跟我们今天外交策略上的结伴不结盟发不发生冲突？**

**金灿荣：** 20世纪50年代我国是一边倒和苏联结盟，60年代是跟阿尔巴尼亚、越南、柬埔寨、朝鲜。70年代，我们事实上跟美国是准盟友，这是新中国历史的一段。但1982年以后我们就不结盟了，中共十二大邓小平同志提出，我们搞全方位外交，不结盟。结盟有个根本的缺陷，就是针对第三方，树立了更多的敌人。所以，只要我们不放弃改革开放，就一定会坚持结伴不结盟。

针对当前"中国威胁论"，我们现在的方针最主要的还是拉住美国，稳定与俄罗斯、印度的关系，只要中国把握节奏，在经济合作方面做一些实事，我觉得最近这一轮压力是可以控制的。

**问：欧洲问题比较多，意大利公投让人感觉中欧局势越来越危险，民粹主义死灰复燃了，中国该如何维持和欧洲的关系？**

**金灿荣：**中国很重视欧洲，在我们国家的战略定位里面美、欧、中、俄是一个档次的，世界大国。欧洲以外的大国里面，还就是中国真诚地希望欧洲繁荣强大。当然，中国也是现实主义，也不会对问题视而不见，我们也知道欧洲现在挺困难的，英国脱欧，加泰罗尼亚闹独立，德、法、荷、意右翼力量都在上升，奥地利和匈牙利其实是极右翼执政，所以欧洲前途确实不太确定。

但是不管以后怎么样，我们都是重视欧洲的，尽量在国际上把它往前提，同时注意和欧洲的核心国家搞好关系，特别是德国、法国这两个国家。总之，中国对欧洲主观上是重视的，因为中国战略上需要一个非常强大稳定的欧洲。俄罗斯、美国都跟我们实际上有利益冲突，特别是地缘利益冲突，欧洲还真没有。欧洲的前途取决于欧洲人自己。但至少近期内，比如未来三五年中国都会努力跟欧洲保持一种稳定的关系。

2018 年全国"两会"召开期间，中国人民大学重阳金融研究院（人大重阳）特推出"对话人大名教授——两会解读系列讲座"。3 月 19 日晚由中国人民大学法学院院长兼党委副书记王轶教授主讲。人大重阳执行院长王文在讲座开始前致欢迎辞，表达了对王轶院长早年为中国特色新型智库建设所作贡献以及在法学领域杰出成就的高度赞赏。王轶教授从两个方面逻辑清晰地阐述了民法典编纂的过程中如何处理民法和宪法之间的关系，并对听众关心的问题一一回应。

# 新中国民法典编纂，夯实中国梦法制基础

□ 王轶

民法典编纂所涉及的问题相当丰富，今天我重点选取一个问题进行阐述，即如何在民法典编纂的过程中处理民法和宪法之间的关系。毫无疑问，这是一个在学术界、实务界长期备受关注且存有很大争议的问题。在我看来，宪法和民法典编纂之间的关系有两个核心问题。首先，宪法是不是民法的法律渊源？其次，如果不是，那宪法和民法之间是什么关系？

## 一、宪法是不是民法的法律渊源？

首先需要限定词语的含义，因为如果对于法律渊源一词的理解不一样，那么回答肯定也不一样。讨论宪法是不是民法的法律渊源，其关注的核心就是裁判者在处理民商事纠纷的过程中是否可以直接援引宪法文本中的规定，以此作为裁断的依据，是在这个意义上谈宪法是不是民法的法律渊源。

张连起、张国莉诉张学珍损害赔偿纠纷案是一个很好的例子。事情发生在20个世纪80年代中后期，天津市的塘沽区，当时有一个青年张国胜看到张学珍的一个招工公告，就找到张学珍签了一个招工登记表就开始工作了。招工表上有个说明，即工伤事故张学珍概不负责。工作期间，张国胜从大梁上摔下因得破伤风离世。张国胜家人找到张学珍要求承担赔偿责任。张学珍说白纸黑字写明工伤事故概不负责。后来，这个案件请示最高人民法院，批复认为招工登记表上的免责条款因有悖于宪法里面保护劳动者权益的规则而被视为无效。而在后来1999年颁布实行的《中华人民共和国合同法》第五十三条第一项做出了相应的规定，免除造成对方人身伤害的赔偿责任，这个免责条款是绝对无效的。以后裁判者再遇到类似纠纷，可以直接引用《合同法》第五十三条的第一项做出判断，不用从宪法文本中间去找做出裁断的依据了。

还有后来轰动一时的齐玉苓案。1999年，齐玉苓发现自己被陈晓琪冒名顶替上了学之后，向山东省枣庄市中级人民法院提起民事诉讼，被告为陈晓琪、陈克政（陈晓琪的父亲）、济宁商校、滕州八中和山东省滕州市教育委员会。最高人民法院认为齐玉苓依据宪法应受法律保护的受教育权被侵害了，而后来，最高人民法院对以往司法解释进行清理的过程中，明确宣布废止了这个司法解释。最高法院认为，法律、行政法规、地方性法规、自治条例、单行条例、最高法院的司法解释，这些是民法的法律渊源，是最高法院允许各级法院的法官在对纠纷做出裁断的时候，寻找裁断依据的那些法律文件的范围。

在进行民法典编纂的过程中，对这个问题也进行了专门的讨论，最后就表现为我们今天看到的《中华人民共和国民法总则》第十条的规定。《民法总则》第十条就有关民法法律渊源的规定，谈到了法律以及不违背公序良俗的习惯。这个地方的法律怎么去进行解释，只用文义解释的方法是没法得出一个妥当的结论的，如果只用文义解释的方法，仅把第十条的法律限定为全国人大及其常委会制定，国家主席签发的立法文件，这个解释结论就会跟《民法总则》其他地方的规定出现冲突。举个例子，比如它就会跟《民法总则》第一百四十三条，有关民事法律行为生效条件第三项的规定出现冲突；当然也会跟《民法总则》第一百五十三条，认定民事法律行为绝对无效的规则第一款的规定出现冲突。因为在我刚才提及的这些规定中，它都强调民事法律行为不能违反法律、行政法规的强制性规定，那就说明行政法规是能够成为裁判者对纠纷进行处理的裁判依据的来源。第十条中的法律不可能仅仅只是最狭义的法律，这个地方必须用体系解释、历史解释的方法确定它的含义，这就应该包括法律、行政法规、地方性法规、自治条例、单行条例，也包括最高法院的司法解释。所以，在中国法学会民法典编纂项目领导小组提交给立法机关的《民法总则》专家建议稿里面，就把这些都明确写上了。然后，以不违背公序良俗的习惯作为补充。当然民法的法律渊源尽管我们没有写上法理，但是我们《民法总则》的第三条到第九条，尤其是第四条到第九条，有关民法基本原则的规定可以发挥补充民法法律渊源的功能。

归根到底一句话，宪法不是民法的法律渊源，裁判者是不能够援引宪法文本中的规定来作为对纠纷做出裁断的依据的，但这不意味着在裁决书里面不能出现宪法文本的规定，可以在说理部分出现，但是不能把它作为裁断的依据。

## 二、宪法是民法典的立法依据

宪法是民法典的立法依据。《民法总则》第一条明确宣示"根据宪法，制定本法"。这句话的意思就是宪法是民法典的立法依据。

民法典的重要性，人们已经从不同的角度作了不同的阐释，比如用市民社会和政治国家的分野去讨论问题的学者认为，宪法是政治国家的基本法，民法是市民社会的基本法，宪法和民法应该是平等的，我个人觉得这个说法要谨慎对待。

民法典包含着一个民族的精神密码。一个国家、一个地区、一个民族常常是要通过民法典编纂，来表达他们对人类所面对的一系列基本问题的看法，要读懂一个民族内心最隐秘的东西，一定得读懂它的民法典，从这个意义上来讲，民法典的确是很重要的。

我国民法典的编纂不可能原封不动地借鉴他人的经验。我们说，中国人和法国人、德国人不一样，我们走过了不尽相同的历史，遵奉着不尽相同的文化，身处不尽相同的现实。德国民法对我们产生了很大的影响，但我们要"得形忘意"，而不是"得意忘形"。得形，是说我们已经习惯了使用德国民法所使用的一些概念和术语，我们今天进行民法典的编纂，没有必要全都另起炉灶，自己再去创造一个新的概念和术语的系统出来。忘意，是指秉持的价值取向和价值判断的结论不能照搬。不同国家和民族的价值取向不尽相同，面对具体类型的利益冲突所做出的价值判断结论也不会完全相同。

就民法典的编纂需要回应的一系列人类所面对的基本问题，可从宪法文本中寻找最低限度的价值共识。我们要编纂的民法典要立足21世纪第二个十年中国人最低限度的价值共识，对人类所面对的一系列基本问题做出回应。这些问题要从宪法文本、宪法修正案中去寻找相应的答案。

我曾经结合《民法总则》的11章206个条文做过一个简单的

梳理，包括以下几个方面：

第一，我们是怎么看待人的。究竟是把人看作推动民族国家经济发展的主体，换句话来讲，是把人看作实现另外一个目的的工具，还是把人自身的自由和全面发展就当作是目的本身，这是我们要回答的人类所面对的一系列基本问题中最基础、最首要的一个问题。

第二，我们是怎么看待家的。就是我们对家究竟做出一个什么样的回应和定位。

第三，我们是怎么看待社会的。尤其是21世纪第二个十年的社会，跟19世纪末的那个社会究竟有什么样的不同，我们究竟身处什么样的时代，是工业社会、农业社会，还是农业社会、工业社会、信息社会多重重叠的社会，对此要做出一个回应和判断。

在本次修宪中，有一些修改跟我们进行民法典编纂要回应的人类所面对的一系列基本问题其实是直接相关的。比如修改之后的宪法文本郑重地写下了这样的文字，我们要推动物质文明、政治文明、精神文明，后面又新加了两个社会文明、生态文明，协调发展，把我国建设成为富强、民主、文明，后面又加了"和谐、美丽"的社会主义现代化强国，实现中华民族伟大复兴。之所以加入社会文明，就像有些学者提出的，是希望我们国家的社会发育得更加成熟。所以，大家也就能够理解，为什么在《中华人民共和国民法总则》里面对法人制度、对非法人组织制度给予了相当的重视。

第四，我们是怎么看待国家的。

第五，我们是怎么看待自然的。关于修改后宪法文本中的生态文明，《民法总则》第九条关于"绿色原则"的规定，与其相互呼应。

第六，我们是怎么看待超国家形式的。修改后的宪法文本中明确写上了"推动构建人类命运共同体"，其实就是我们对如何看待超国家形式问题做出的一个明确的回应。在我们民法典编纂的过程中，应该通过表明我们对双边、多边条约以及国际公约等的态度，表明我们对超国家形式的态度。

我国著名前辈民法学家谢怀栻先生生前曾经讲过，之所以要重视民法典，是因为民法跟其他法律不一样，民法代表着一个民族能够达到的文化高度。谢老一直主张说，我们编纂的民法典将来一定是两岸四地全体中国人都共同去适用的民法典，这才足以表明中华民族攀上了历史的高峰。接着谢老的话讲，如果我们编纂的民法典能够兼顾到推动构建人类命运共同体，这样一部民法典才能表明我们中国人真正有能力站到世界舞台的中央。

综上，宪法在民法典编纂的过程中，包含着能够作为依据和基础的最低限度的价值共识。在这个意义上，宪法是我们民法典编纂的立法依据。

## 三、互动环节

**问：王院长，请您预测一下民法典其余的各部分正式颁布的时间？**

**王轶：** 严格来讲不是预测，因为中共十八届四中全会关于全面推进依法治国的决定提出：编纂民法典。中央要求做任务的分解，每一项任务都要确定牵头单位和参与单位，而且要列出时间表。立法机关在不同场合多次表态，我们是要力争在2020年完成整个民法典的编纂工作。全国人大常委会法工委副主任王超英在2018年3月12日答记者问的时候说，今年要安排民法典各分编提交常委会一并做一次审议。当然一并做一次审议之后，各分编如何去进行审议，要根据一并审议的情况。有一些比较成熟的，可能就会尽快地安排第二次或者第三次审议。有一些还需要进一步凝聚共识的，可能就会稍微续后一些去安排做第二次、第三次审议。民法典的分编包括物权法、合同法、婚姻法、继承法、侵权责任法等。目前存在的争议集中在人格权法要不要成为未来民法典中独立的一编。严格来讲，人格权法要不要在民法典中独立成编，我一直说这是民法问题中间的立法技术问题。而且我一直坚定地相信，民法问题中间的立法技术问题，第一绝对不是真假问题，第二绝对不是一个对错的问题，而是哪种立法技术的方案，更能实现立法者进行民法典编纂所追求的立法目标，哪种立法技术的方案更能够避免法律条文的重复和烦琐，哪种立法技术的方案更符合立法美学的要求的问题。

**问：宪法和民法的理想关系在您心目当中是什么样的？**

**王轶：**民法不仅仅跟宪法有关系，民法跟行政法、刑法、经济法、社会法、环境法等等这些部门法都有关系。那么它们之间是什么关系？民法这个部门法要发挥作用，它工具箱里面的工具要发挥作用，对外部条件的要求是非常高的。《中华人民共和国民法总则》第二条规定，民法调整平等主体的自然人、法人和非法人组织之间的人身关系和财产关系。平等主体的这个限定语是一个相当高的要求，它要求从事民事交往的自然人、法人、非法人组织应该处在大致相当的交往地位，他们有大致相当的交往能力。现实生活要做到这一点太难了。民法要发挥作用，一定是以宪法、刑法、行政法、劳动法、环境法等等这些部门法发挥作用作为前提和基础的。民法和宪法的关系也是如此，唇齿相依，没有宪法对国家公权力的享有和行使所做的明确的规定和限制，我们很难期待民法典所确定的那些原则和规定，能从纸面上的法律变成现实生活中活的法律。

**问：现在中国是否形成了自己的民法研究方法，如果形成了，您觉得这个研究方法当中的中国元素应该怎样表达，如果还没有形成，为什么？**

**王轶：**我认为安放法学学术疑问的方式就是法学研究的方法论。在司法过程中如何妥当地寻找与纠纷处理有关的大前提，然后把大前提和经由证据规则的运用形成的小前提结合起来，得出妥当的裁断结论，这是一种方法论，但还并不是我们学者从事所有类型法学问题研究的方法论。我个人习惯先把我们所争议的问题，做一个妥当的问题类型的定位，然后我们运用能够产生论证效力的论证方法，去展开有效论证，这是一种我心目中的方法论。我到今天都坚定地相信，不同类型的民法学问题，能够产生论证效力的论证理由一定是不一样的。但是有一点对所有类型民法学问题的讨论都是发挥作用的，那就是要想让你的讨论变得能够为别人所理解，要想让你的讨论能够成为推动知识积累和扩展的组成部分，最好发现进入这个问题讨论的讨论者所分享的最低限度的学术共识，找到了最低限度的学术共识，我们的讨论才找到了讨论的基础和依托。如果没有找到最低限度学术共识的话，我一直认为，这种讨论可能就像现实主义法学家罗斯所讲的那样，你就是砰砰地敲打桌面，一定要把自己的意见强加给对方，大概也仅此而已，他就停留在自说自话的程度。每个人都会有适合自己的安放疑问的方式，我不相信有对所有人都适用的方法论，但它一定是经过讨论者自主思考之后你认为适合自己的方法论。不同的中国学者可能会找到不尽相同的安放自己疑问的方式，这就是我们中国学者的方法论。

**问：**我们现在的《民法总则》否认了宪法作为民法的法律渊源，那对于宪法到底能不能作为民法的法律渊源，您自己的价值判断是怎样的？

**王轶：**首先，在我看来人们围绕这个问题的讨论，主要是把它作为民法问题中的司法技术问题来进行讨论的，而不是作为价值判断问题来讨论的。在我们中国法的语境下，无论宪法是作为民法的法律渊源，还是不作为民法的法律渊源，只会在裁判者寻找与纠纷处理有关裁判依据的技术上有差异，绝不会因为对这个问题的回答不一样，就导致裁判者面对相同的案件做出了不同的裁决。

如果是属于民法问题中的司法技术问题的话，那我们就要用讨论民法问题中司法技术问题的方法去讨论它。我特别信奉"惯性原理"，就是强调在没有足够充分且正当理由的情况下，一定要尊重一个国家、一个地区、一个民族既有的法律传统，包括司法传统。从这个意义上来讲，我们也要去寻找，我们业已形成的司法传统究竟是什么？哪种有关这个问题所提出的司法技术的方案，更契合我们既有的法律传统中间的法律适用的传统，那么这种司法技术的方案相对来讲可选性就更高一些。

2018 年全国"两会"召开期间，中国人民大学重阳金融研究院（人大重阳）特推出"对话人大名教授——两会解读系列讲座"。3 月 13 日晚由中国人民大学经济学院副院长郑新业主讲。郑新业老师从给我们自己画像谈起，分析了五大发展理念的纵向视角和全球视角，最后细致解读了这五大理念将如何改变中国。讲座后，他还回答了读者不少专业问题。

# 五大发展理念将如何改变中国

□ 郑新业

今天，我为什么要讲五大发展理念这个题目呢？这是因为五大发展理念是新时期党和国家在深刻分析国内外形势的基础上总结出的理念，对当下和未来的改革工作具有重要的意义。其实，我没有能力，也无意准确刻画出新发展理念如何影响中国。我试图和大家一起梳理下"事实"，基于一定的"逻辑"，看看为什么五大发展理念是需要的，能解决些什么问题，解决问题需要什么样的市场结构、政策工具以及中央与地方关系的调整。

第一，给我们现阶段的经济和社会画像，即此时此刻我们国家到底是什么样子的？在座各位都是行业精英，在信息分散的社会中，对某个行业了解越透、越深刻，可能对全局了解越不足。我试图把国家当前面临的主要问题和任务放在一起。

第二，五大发展理念的纵向视角，新中国成立以来，在社会主义思想史上，五大理念在什么位置上？为什么今天提出五大发展理念，它的科学性何在？在科学社会主义发展史上有什么样的地位？

第三，五大发展理念的全球视角，当代还有其他的思潮，为什么我们要提出自己的发展理念，而不是借鉴世界上其他的主流思潮。我们对比一下当代其他国家解决社会问题的一些主流想法和看法，比如以新自由主义为依据的华盛顿共识、梵蒂冈思潮。

第四，五大发展理念将会如何改变中国，我在这个领域中间还是做了很多前期的研究。所以，总体上今天晚上给大家分享四个方面的观察和思考。

## 一、给我们自己画像

改革开放四十年来，中国经济进入了世界第二位，社会主要矛盾变成了人民日益增长的美好生活需要和不平衡不充分的发展之间的矛盾。经济建设发展仍是新时期的首要任务，不充分、不平衡的发展体现在什么地方，解决的思路在哪儿？

在人类历史上，中国的确取得了长足的进步。1978年实际GDP世界排名第13位，占世界份额1.12%，人均GDP在126个经济体中排124位。2016年世界排名第二的时候，实际GDP占世界份额是12.26%。总体而言，我们取得了巨大的进步（见表1）。

表1　中国经济发展　　　　　　　　　　　　单位：位，%

| 指标／排名 | 1978 年 | 2001 年 | 2010 年 | 2013 年 | 2014 年 | 2015 年 | 2016 年 |
|---|---|---|---|---|---|---|---|
| 实际GDP世界排名 | 13 | 4 | 2 | 2 | 2 | 2 | 2 |
| 中国实际GDP份额（世界GDP） | 1.12 | 4.8 | 9.2 | 10.8 | 11.3 | 11.8 | 12.2 |
| 人均实际GDP排名 | 124/126 | 131/196 | 106/203 | 97/197 | 88/190 | 87/190 | 88/191 |

从图1可以看出，中国占世界GDP的比重确实是挺大的进步，这是事实。

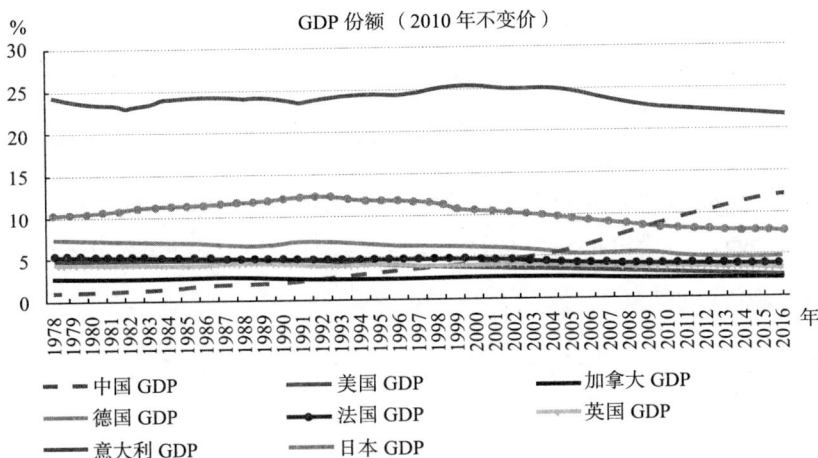

图 1　中国占世界 GDP 的比重

图2中左图国家的GDP平均增长率9.23%是相当高的，而且长时间高。右边是人均GDP的增长率，中国是8.55%，也非常高。我们跟G7比，但G7是成熟经济体。这就像我们说的长个一样，我儿子每年长5厘米、长10厘米，我现在基本上不仅不长，偶尔有些年份还缩一点。所以，大家高度警惕这个事，增长率不高并不代表他们落后，这恰恰说明他们很强大。当然不是说所有增长率低的国家都是好的，但是G7的低不要小看。前几年大家说重庆做得多么好，其实不是重庆做得多么好，恰恰是重庆落后，北京增长率低，不是说北京经济增长率差，恰恰是北京已经进入成熟期了。大家要知道流量重要，存量也重要。

平均增长率（1997—2016年）

人均GDP增长率（1997—2016年）

中国 9.23
世界 2.91
加拿大 2.46
美国 2.31
英国 2.05
法国 1.56
德国 1.38
日本 0.74
意大利 0.4

中国 8.55
美国 1.38
世界 1.63
加拿大 1.44
德国 1.33
法国 0.99
英国 1.43
意大利 0.15
日本 0.69

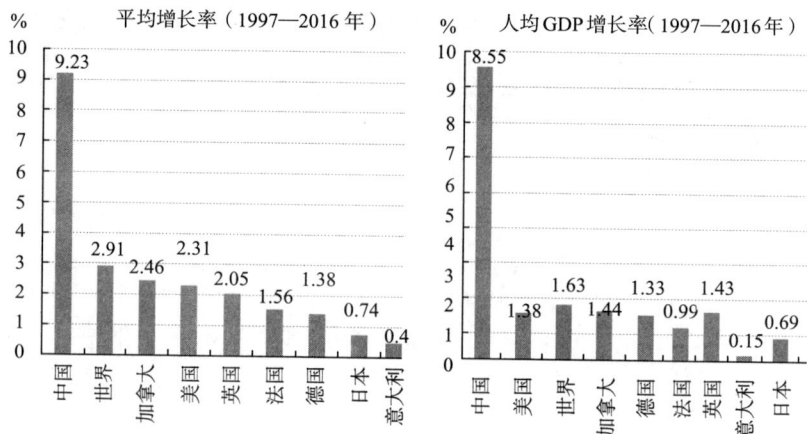

注：GDP 年增长率基于 2010 年不变价计算。

数据来源：世界银行数据库；https://data.worldbank.org.cn/indicator。

**图2 增长率：与 G7 比较（过去 20 年）**

图3让我们心中略微有一点压力了，据测算，2035—2050年，中国的人均GDP有望超过世界平均值。当前我们没有超过世界平均值，是因为我们基础太低了。

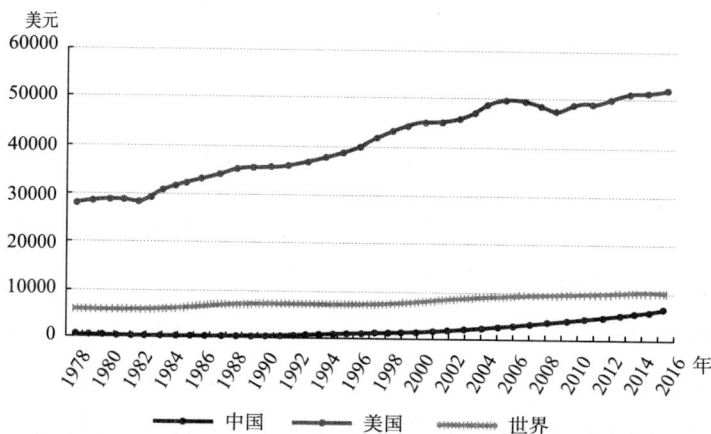

美元

60000
50000
40000
30000
20000
10000
0

1978 1980 1982 1984 1986 1988 1990 1992 1994 1996 1998 2000 2002 2004 2006 2008 2010 2012 2014 2016 年

—— 中国　—— 美国　—— 世界

数据来源：世界银行数据库：https://data. worldbank.org.cn/indic8tor。

**图3 人均 GDP**

表2 自画像之0：仍然穷啊，发展乃第一要务　单位：美元

| 排名 | 国家 | 数值 | 排名 | 国家 | 数值 |
|---|---|---|---|---|---|
| 39 | 希腊 | 22699.08 | 68 | 罗马尼亚 | 10065.49 |
| 40 | 葡萄牙 | 22426.29 | 69 | 毛里求斯 | 9822.008 |
| 41 | 捷克共和国 | 10094.59 | 70 | 哥斯达黎加 | 9714.1 |
| 42 | 沙特阿拉伯 | 21395.11 | 71 | 墨西哥 | 9707.908 |
| 45 | 爱沙尼亚 | 18094..59 | 74 | 加蓬 | 9569.454 |
| 50 | 波兰 | 15065.59 | 76 | 格林纳达 | 8676.339 |
| 51 | 智利 | 15065.97 | 77 | 马尔代夫 | 8416.945 |
| 52 | 匈牙利 | 15019.63 | 78 | 圣卢西亚 | 8151.634 |
| 56 | 土耳其 | 14997.2 | 79 | 苏里南 | 8108.237 |
| 57 | 乌拉圭 | 14010 | 80 | 保加利亚 | 7967.709 |
| 61 | 俄罗斯联邦 | 11279.63 | 81 | 哥伦比亚 | 7525.855 |
| 62 | 马来西亚 | 11031.82 | 82 | 黑山 | 7492.862 |
| 63 | 巴拿马 | 10982.37 | 83 | 南非 | 7488.99 |
| 64 | 帕劳 | 10909.9 | 84 | 博茨瓦纳 | 7 483.173 |
| 65 | 巴西 | 10826.27 | 85 | 黎巴嫩 | 7 143.959 |
| 66 | 哈萨克斯坦 | 10582.5 | 86 | 土库曼斯坦 | 6 986.856 |
| 67 | 阿根廷 | 10154 | 88 | 中国 | 6 893.776 |

## 1. 自画像之0，为什么说是零，我们穷，发展是第一要务

表2中显示2016年我们的人均GDP是世界第88位。我经常拿这个表警醒人民大学的学生，我们这代人还要艰苦奋斗。我们仍然是标准的发展中国家，这是我们国家最大的国情。改革开放40年增长其实没有什么秘诀，我们今天做到的东西世界很多国家都做到了，我们今天的成绩很多发展中国家也想复制，没有什么秘诀，就是资本积累、劳动供给和技术进步，一点都不神秘。我们国家就是共产党的自我调整能力很强。为了增长，鼓励积累、吸引外资，所以规定所得税低、压低劳动成本、低劳工成本、低环保标准等等。大家说你为什么不搞高标准呢？在改革开放初期，不是我们不想高标准起步，是我们不能。

在这个过程中间，大家看到一些问题，劳工工资低引发的问题，环保标准低、环境污染严重，安全事故频发，生活相关基础设施投资不

足，地区发展不平衡，这些问题都来了。其实，这些都是必须承受的代价，不仅今天中国是这样子的，过去很多发展中国家也是这样，将来很多国家想走中国的路也必然会面临这些问题。

## 2. 自画像之一，能耗巨大的堆砌型发展

图4有两层意思，能源占GDP的比重从1990年以来有了长足的进步，线越来越低。但跟其他国家相比有很大的差距，即便我们跟印度相比都有很大的差距。说棒的人就看到下降的趋势，说差的人看到中国还是挺差的，这就是我们的国情。

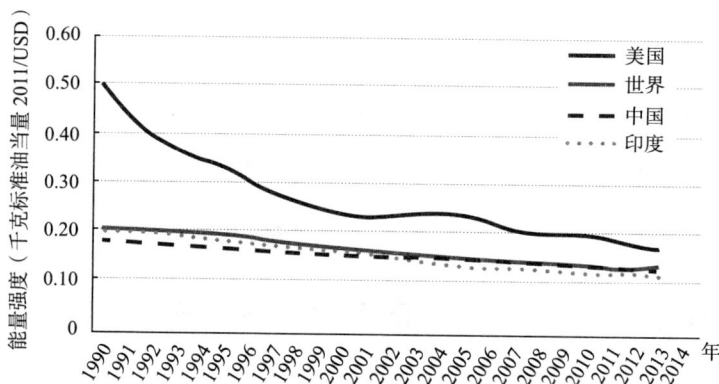

图4 自由画像之一，能耗巨大的堆砌型发展

图5显示的是耗能产品、设备占据全球比重。可以看出来，全世界很多耗能的产品都是在我国生产的。去年，我曾写了一篇自认为很中肯的文章，就是曹德旺老先生去美国，是中美曹三赢。为什么这么说呢？美国人需要制造业回流，中国正好改善产业结构，改善产业结构不是高耗能产业、重耗能产业比重下降吗？曹先生正好把他的工厂搬到美国，实际上就是全球布局。

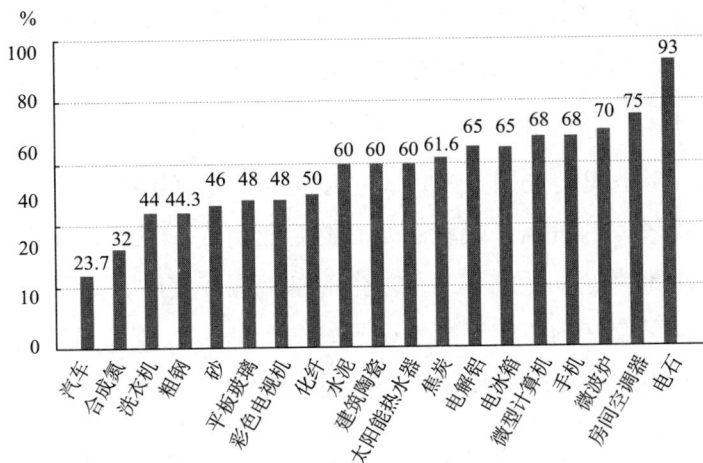

图 5 自画像之一：耗能产品、设备占全球比重

自画像还有一个，就是债务规模迅速累积，债务问题引发的后果是相当严重的。我在人民大学读书的时候，有个同学来自韩国，有一天他说，哥们，帮我搬家吧。为什么搬家？因为韩元崩溃了，他就从大屋子搬到小屋子，四个人住一间屋子了。因为债务问题引发的崩溃导致对个人生活的影响，给我当年心灵留下了很大的创伤，原来国家经济危机后果这么严重啊。

我们国家的创新能力的确弱。可能有人会说，我们有高铁，有蛟龙，其实那是远远不够的。还有一个非常可怕的事情，就是以前全球化是我们技术进步来源之一，但是现在这个来源已经日渐枯竭了。

新阶段，竞争对手不一样了。我们国家改革开放前期，可以说是和发达国家合作，跟发展中国家竞争。我们上游、下游是发达国家，我们竞争对手是发展中国家，所以我们很成功。

大家看我们的高铁、核电、航空航天、商用飞机。商用飞机将来就是一个巨大的风险项目，大家想想就知道，因为我们是要跟波音竞争、跟空客竞争，你搞操作系统是跟微软竞争，这些竞争对手都是巨人。你过去跟亚非拉国家竞争很容易，但跟日本欧美这些国家竞争，现在比过去要艰难了，所以新阶段的竞争对手是一方面。

资源错配严重。我们国家有最好的发电技术，一度电只需要耗费256克煤。但是我们全国火电厂，每度电900多克煤的企业还存在。换句话说，高效率的机组，或者高效率的企业淘汰不了低效率的企业，这样的情况比比皆是。低效率的很多企业拿着很多贷款，高效率的企业拿不到，这也是存在的事实。当然这是好事，也是坏事。坏事就是浪费很多资源，好事就是给改革提供红利（见图6）。

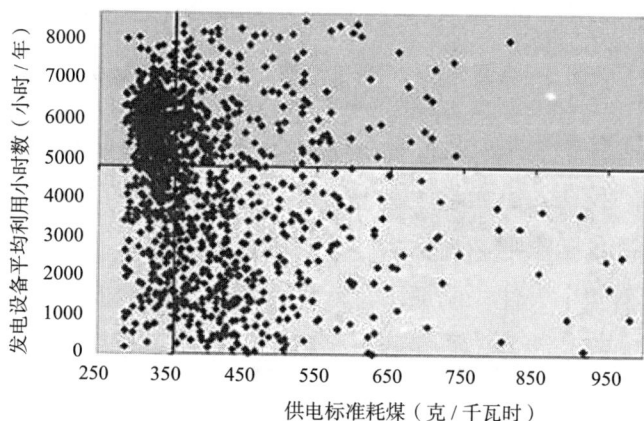

图 6　自画像之一：资源错配严重

### 3. 自画像之二，地区差异特别大，行业差距也特别大

在座各位像我一样很多带着外地口音，却都没有回自己的家乡，原因也不难理解，地区差异太大，GDP的差异、百户汽车拥有量、城乡差距、行业差距等等（见图7）。

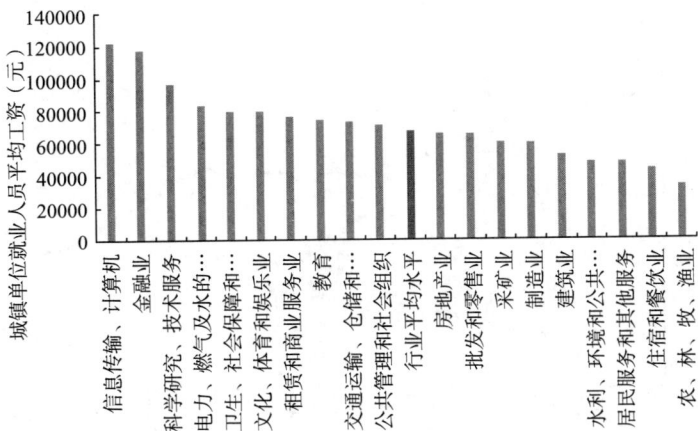

数据来源：国家统计局。

**图7 自画像之二：行业差距**

行业工资差距是很大的，没有人愿意当人民教师，工资低；没有人愿意当农民；大家都愿意去金融行业和电力行业，因为这些行业工资高。地区差异也是，比如绿地面积，北京特别多，广东也多，但是在云南、河北、陕西、贵州都比较少。

### 4. 自画像之三，污染特别严重

多少人都是左手挣钱，右手买设备去了，谁家没有空气净化器？我家好几个，还买了一个工业用的，声音特别大，但是管用。有一次单位发我10000元钱，我买个空气净化器，花了8700元，只剩1300元。真是左手挣钱，右手花钱买健康。

世界上两大二氧化碳排放国，一个是中国，另一个是美国。习近平总书记推进《巴黎协定》的签署，但是这个压力还是在我们这儿，很多人认为，如果中国不减排，世界上排放问题没有办法解决，这个压力是真实存在的（见图8）。

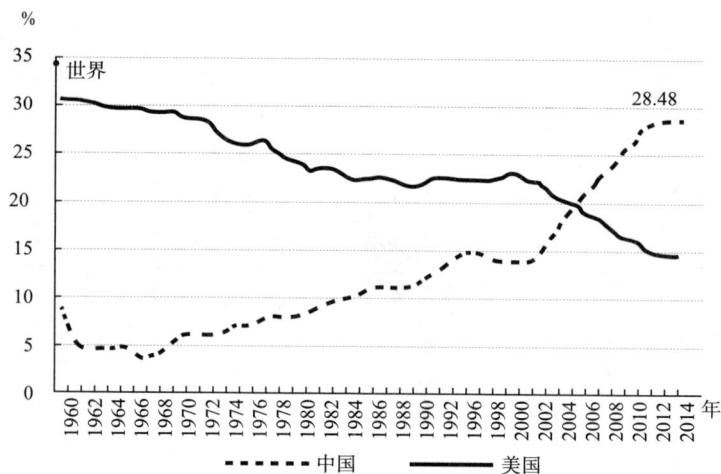

图8　自由画像之三，头号二氧化碳排放国（1965—2014年）

## 5. 自画像之四，就是基尼系数高位徘徊，收入分配问题非常严重

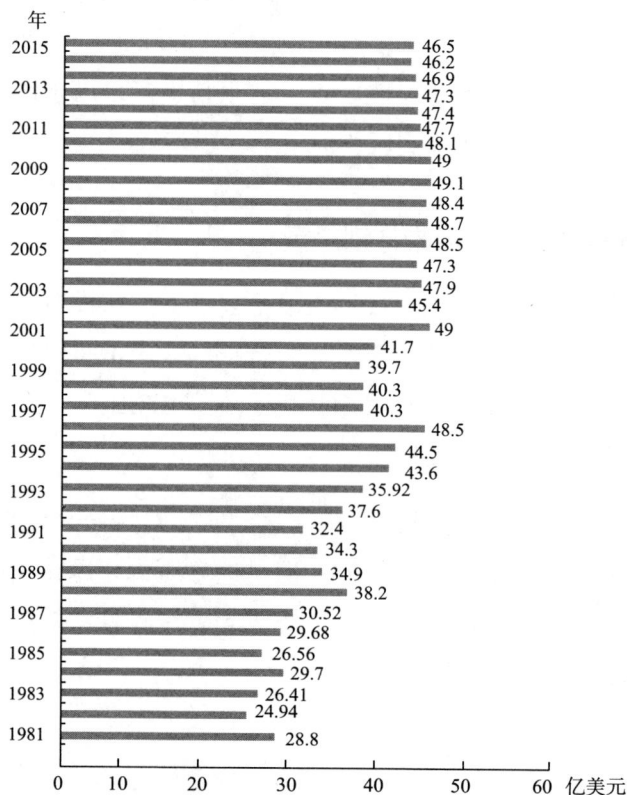

数据来源：国家统计局。

图9　自画像之四：基尼系数高位徘徊

表3 人群收入差异

| | 最低收入户（10%） | 较低收入户（10%） | 中等偏下户（20%） | 中等收入户（20%） | 中等偏上户（20%） | 较高收入户（10%） | 最高收入户（10%） | 最高收入户与最低收入户之比 |
|---|---|---|---|---|---|---|---|---|
| 摩托车（辆） | 20.03 | 23.77 | 23.85 | 22.06 | 18.15 | 15.28 | 12.91 | 0.64 |
| 助力车（辆） | 25.66 | 35.34 | 35.63 | 35.09 | 66.63 | 27.77 | 26.29 | 1.02 |
| 家用汽车（辆） | 2.96 | 6.27 | 9.61 | 14.97 | 23.36 | 32.38 | 52.36 | 17.69 |
| 洗衣机（台） | 87.44 | 93.27 | 96.35 | 97.71 | 99.35 | 100.61 | 103.17 | 1.18 |
| 电冰箱（台） | 80.43 | 90.58 | 95.80 | 99.02 | 101.33 | 103.43 | 107.04 | 1.33 |
| 彩色电视机（台） | 111.39 | 119.77 | 126.23 | 132.96 | 142.54 | 152.22 | 169.03 | 1.52 |
| 计算机（台） | 40.81 | 58.39 | 71.24 | 82.77 | 93.27 | 104.70 | 126.24 | 3.09 |
| 组合音响（套） | 9.37 | 14.74 | 18.93 | 23.39 | 28.50 | 33.75 | 42.69 | 4.56 |
| 摄像机（架） | 1.45 | 3.03 | 4.84 | 8.22 | 11.83 | 17.13 | 24.74 | 17.06 |
| 照相机（台） | 11.59 | 21.13 | 31.37 | 42.95 | 56.49 | 68.15 | 88.52 | 7.64 |
| 钢琴（架） | 0.50 | 0.67 | 1.15 | 2.07 | 3.12 | 4.88 | 8.46 | 16.92 |
| 微波炉（台） | 25.82 | 41.77 | 52.17 | 63.82 | 73.15 | 79.47 | 85.51 | 3.31 |
| 空调（台） | 44.76 | 73.04 | 94.20 | 118.88 | 147.37 | 17479 | 220.06 | 4.92 |
| 淋浴热水器（台） | 61.44 | 75.86 | 84.37 | 91.54 | 97.28 | 101.48 | 109.32 | 1.78 |
| 消毒碗柜（台） | 7.39 | 11.90 | 14.27 | 17.51 | 22.05 | 29.29 | 38.05 | 5.15 |
| 洗碗机（台） | 0.19 | 0.54 | 0.52 | 0.63 | 1.12 | 1.34 | 2.32 | 12.21 |
| 健身器材（套） | 0.64 | 1.02 | 1.80 | 3.29 | 4.78 | 7.86 | 12.57 | 19.64 |
| 固定电话（部） | 50.20 | 59.68 | 64.67 | 70.40 | 76.52 | 80.68 | 84.54 | 1.68 |
| 移动电话（部） | 168.89 | 195.10 | 202.76 | 207.87 | 212.55 | 216.76 | 228.35 | 1.35 |

数据来源：《中国城市（镇）生活与价格年鉴2012》。

人群间的差异巨大（见图9，表3）。是不是经常很多人支持高速公路免费，说支持民生，高速公路免费便宜谁了？其实都是高收入群体。很多人说开车的就是高收入群体吗？是的，在我们国家凡是开车的都是高收入群体。跟比尔盖茨比所有人都是穷人，但是和门口的保安，甚至和人民大学很多人比他们都是富人，收入高和低都是相对概念。包括很多电、气都是补贴的，其实补贴给谁呢？都是补贴给高收入人群。很多时候政府有限资金都到了富人手上，其实是我们不愿意看到的。

更可怕的事情，就是我们财税口固化收入分配。为什么这么说呢？

大家知道美国最富的1%的人平均缴40%的税，最富的400人缴1.59%的税。我们个人所得税体系基本上起不到改善收入分配的作用。

我们对穷人又特别抠。一般很多县的低保一个月给一斤二两猪肉的钱，你觉得这个给的高吗？而且关键还不一定到穷人的手上。我们调研很多地方，该保的没有，不该保的反而保的现象也是存在的。

### 6. 自画像之五，中国对世界的依赖程度加大

第一，中国的进出口贸易依赖世界经济的稳定。1985—2006年，我国的进口和出口占世界比重大幅增加，其中进口比重由8.58%提高到37.17%，出口比重由12.38%提高到28.44%；2006年之后进出口比重开始下降。这一定程度上与2008年爆发的国际金融危机有关，世界经济的稳定与中国的进出口联系日益紧密。另外，发达国家、亚洲发展中国家是我国货物的主要出口地和进口来源地，这些国家的供给数量、价格直接影响到我国企业的成本和利润，关乎居民财产（见图10）。

第二，国际社会的和平与稳定关乎我国的人员安全。我国的出境人数与其他国家相比是很高的。

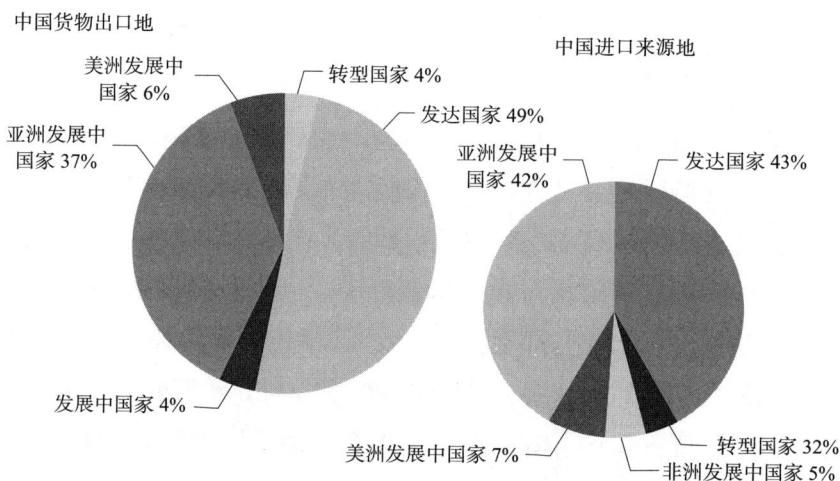

**图10　自画像之五：全球和平稳定发展质量与价格等关系**

第三，中国的出口和对外投资也需要世界的和平与稳定。图11显示，中国的出口和对外投资总额呈不断上升趋势。目前，我国是世界的主要出口国；从投资去向分布来看，亚洲最多，其次为拉丁美洲和北美洲。可以说，这些地区的和平与经济稳定关系到中国对外投资的收益，进而对中国经济产生影响。

表 4　中国的出口情况

| 年份 | 世界出口总额 | 中国出口额 | 中国占世界的比重（%） | 位次 |
|---|---|---|---|---|
| 1980 | 20340 | 181 | 0.9 | 26 |
| 1990 | 34490 | 621 | 1.8 | 15 |
| 1995 | 51660 | 1488 | 2.9 | 11 |
| 2000 | 64590 | 2492 | 3.9 | 7 |
| 2005 | 105080 | 7620 | 7.3 | 3 |
| 2010 | 152830 | 15778 | 10.3 | 1 |
| 2016 | 208193 | 22000 | 10.6 | 2 |

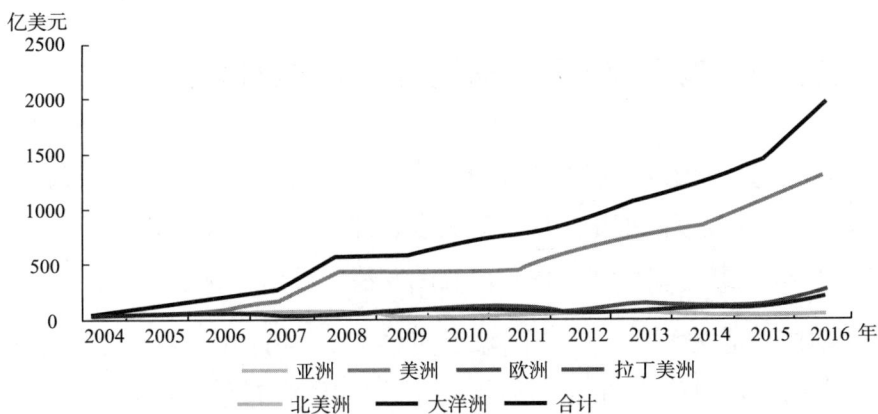

图 11　自画像之五：世界对我们关系重大（他国的政策直接关系我们）

第四，重要物资对外依存度上升。大家看天然气进口量，天然气消费量，天然气依存度都上来了。现在中国发布的信息对全球有重要的影响，我最近在各种场合都建议，发布重要信息之前做全球影响的评估，一定要做评估。这些都是中国积极构建人类命运共同体的经济理由（见图12）。

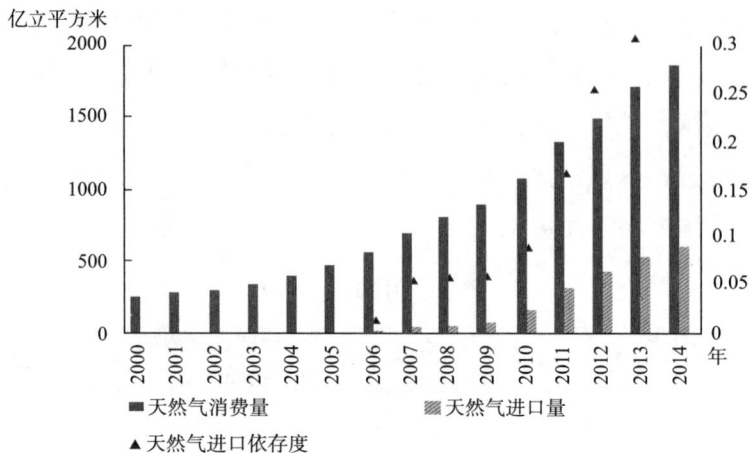

图 12　自画像之五：重要物资对外依存度上升

总体来看，中国经济增长的背后是地区发展的不平衡、环境污染加剧、收入差距恶化等等。这些问题的出现，使得我国当前面临的社会主要矛盾已转变为"人民日益增长的美好生活需要和不平衡不充分的发展之间的矛盾"。在这样背景下，习近平总书记提出了五大发展理念。

## 二、五大发展理念的纵向视角：从增长到发展

实际上，五大发展理念的提出既不是一时兴起也不是一蹴而就的。梳理社会主义发展的理论脉络，五大发展理念集中体现了党对经济社会规律的深刻把握，是针对新时代面临的发展任务和问题矛盾提出来的。

新中国成立之初，整个国家百废待兴，当时的工业水平相当落后，人民生活贫困。在这样的情况下，以毛泽东为核心的党中央领导集体确立了"四个现代化"发展目标，就是力争把我国建设成为一个农业现代化、工业现代化、国防现代化和科学技术现代化的伟大社会主义国家；并绘制了"两步走"发展战略，第一步是建立一个独立完整的工业体系，第二步使我国的工业化水平接近世界的先进水平。在收入分配方面，主要是"均富"思想。对外开放上，主张自力更生为主（见表5）。

**表 5　新中国成立初期的发展理念**

| 经济建设 | • 发展方向：社会主义道路，计划经济；<br>• 发展目标：把我国建设成为一个农业现代化、工业现代化、国防现代化和科学技术现代化的伟大的社会主义国家；<br>• 发展战略："两步走"的发展战略，第一步，建立一个独立的完整的工业体系；第二步，使我国工业接近世界的先进水平。<br>　　　　——《建国以来毛泽东稿》 |
|---|---|
| 收入分配 | • 均富：在无产阶级领导下而"为一般平民所共有"的新民主主义的国家；<br>　　　　——中共七大 |
| 对外开放 | • 自力更生为主，争取外援为辅；<br>• 要发展对外贸易，平等互利，互通有无；<br>• 要学习外国先进的科学技术，有分析地借鉴外国发展经济的经验；<br>• 主张有条件地利用国外的资金；<br>• 还要对别的国家和民族进行帮助；<br>　　　　——毛泽东文集 |

可以说，新中国成立初期，我国经济发展是非常迅速的。改革开放之前，我国的工业产值大幅上升，占据主导地位；人口由5.41亿人增加到9.6亿多人，增长了近2倍；死亡率明显下降，1949年是20%，到了1978年已经降到6.25%；受教育人数明显增加，并且在1968年以后，受到高等教育的人数也越来越多（见图13至图15）。

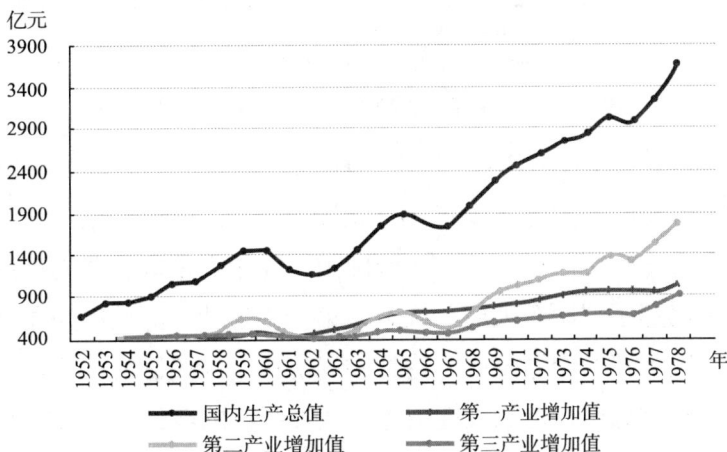

**图 13　三大产业增加值统计图**

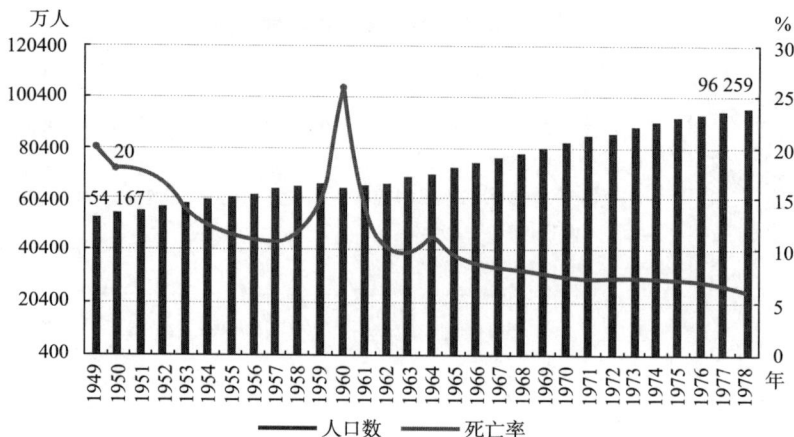

**图 14　中国人口及其死亡率统计图（1949—1978 年）**

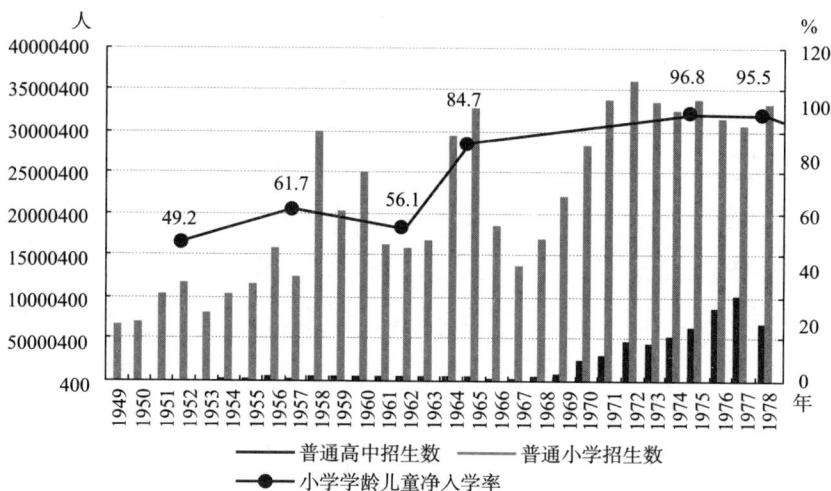

**图 15　中小学招生人数统计图（1949—1978 年）**

　　邓小平时期，1978年中共十一届三中全会定下的最重要的目标是经济增长，主要是"分三步走"，在接下来的二三十年里把我国建成社会主义现代化强国。在对待收入分配上，党中央采取了"先富带后富"的策略，确定了"两个大局"战略，第一步是让沿海地区先发展，第二步是沿海地区帮助内地发展，达到共同富裕。最关键的一招是，我们采取了对外开放战略，这极大地促进了我国经济的增长（见表6）。

**表6 邓小平时期的发展理念**

| 经济建设 | ●发展方向：社会主义市场经济；<br>●发展目标：在20世纪内把我国建设成为伟大的社会主义的现代化强调；<br>●发展战略："三步走"的发展战略，第一步，从1981年到1990年，国民生产总值翻一番，解决人民温饱问题；第二步，从1991年到20世纪末，国民生产总值再翻一番，人民生活水平达到小康水平；第三步，到21世纪中叶，人均国民生产总值达到中等发达国家水平，人民生活比较富裕，基本实现现代化。然后，在这个基础上继续前进。 |
|---|---|
| 收入分配 | ●先富带动后富；<br>●"两个大局"的战略：第一步，让沿海地区先发展；第二步，沿海地区帮助内地发展。达到共同富裕。 |
| 对外开放 | ●建设经济特区的思想、从沿海向内地逐步推进对外开放的思想、用外资的思想、积极发展对外贸易和开展对外经济合作的思想。 |

江泽民时期，社会主义市场经济体制初步建立，对外开放的工作进一步加大。但逐渐地，咱们的收入分配开始恶化，地区差距也开始明显。相应地，党和国家开始强调在发展经济的同时，需要兼顾公平，需要顾及区域的发展（见表7）。

191

**表7 江泽民时期的发展理念**

| 经济建设 | ●发展方向：社会主义市场经济体制，就是要使市场在社会主义国家宏观调控下对资源配置起基础性作用；<br>●发展目标：实现全面建设小康社会奋斗目标；<br>●布局：三位一体——经济、政治、文化。 |
|---|---|
| 收入分配 | ●坚持效率优先、兼顾公平。 |
| 对外开放 | ●对外开放的地域要扩大，形成多层次、多渠道、全方位开放的格局；<br>●利用外资的领域要拓宽；<br>●积极拓展国际市场，促进对外贸易多元化，发展外向型经济。 |
| 产业、区域 | ●调整和优化产业结构，高度重视农业，加快发展基础工业、基础设施和第三产业务；<br>●充分发挥各地优势，加快地区经济发展，促进全国经济布局合理化（西部大开发）。 |

胡锦涛时期，在经济建设方面，市场机制已经能够在资源配置中发挥基础性作用；同时注意到，经济布局由"三位一体"转变为"四位一体"，多了"社会建设"。在收入分配方面，可以看到中央对公平更加关注了，同时各种地区振兴战略也开始了（见表8）。

**表 8　胡锦涛时期的发展理念**

| | |
|---|---|
| 经济建设 | ● 发展方向：社会主义市场经济体制，更好发挥市场在资源配置中的基础性作用；<br>● 发展目标：实现全面建设小康社会奋斗目标；<br>● 布局：四位一体——经济、政治、文化、社会。 |
| 收入分配 | ● 初次分配和再分配都要处理好效率和公平的关系，再分配更加注重公平。 |
| 对外开放 | ● 把"引进来"和"走出去"更好结合起来；<br>● 转变外贸增长方式，调整进出口结构；<br>● 创新利用外资方式，优化利用外资结构；<br>● 实施自由贸易区战略。 |
| 产业、区域 | ● 产业结构优化升级；<br>● 统筹城乡发展，推进社会主义新农村建设；<br>● 推动区域协调发展，优化国土开发格局（东北振兴、中部崛起）。 |
| 环境 | ● 加强能源资源节约和生态环境保护，增强可持续发展能力。 |

　　总体来看，20世纪80—90年代最重要的事情就是经济增长，那时候我们既没有收入分配的问题，也没有不公平的问题，更没有环境污染的问题。那个时代我们对国际没有任何影响力，干什么事也没有关系，那个时代也没有债务问题。随着发展的深入，新阶段党和国家面临的挑战开始增加，例如收入分配恶化、区域差距拉大、环境污染加重等一些问题，政府的工作也日益繁多。这里体现出了五大转变：

　　一是经济建设开始由增长到发展转变。现在我们要面临的是既要、又要、还要，我们既要有经济增长，又要不那么污染，还要分配公平，富人增长少一点、穷人收入增长更多一点，我们希望高质量的增长，也希望大家都分享增长。

　　二是总体布局由"三位一体"到"四位一体"再到"五位一体"转变。

　　三是经济体制经历了"计划经济""计划经济为主，市场调节为辅""有计划的商品经济""建立社会主义市场经济""市场在社会主义国家宏观调控下对资源配置起基础性作用""市场对资源配置起基础性作用""市场对资源配置起决定性作用"七个发展阶段，市场经济体制不断完善。

四是收入分配由开始"均富"到"先富带后富"到"效率"为主，向兼顾"公平"到"兼顾效率和公平"转变，公平问题变得越来越重要的背后其实是我国收入分配的不断恶化，所以需要明白这个事实。

五是我国的主要矛盾变了，目前我们的主要矛盾已经转变成"人民日益增长的美好生活需要和不平衡、不充分的发展之间的矛盾"。

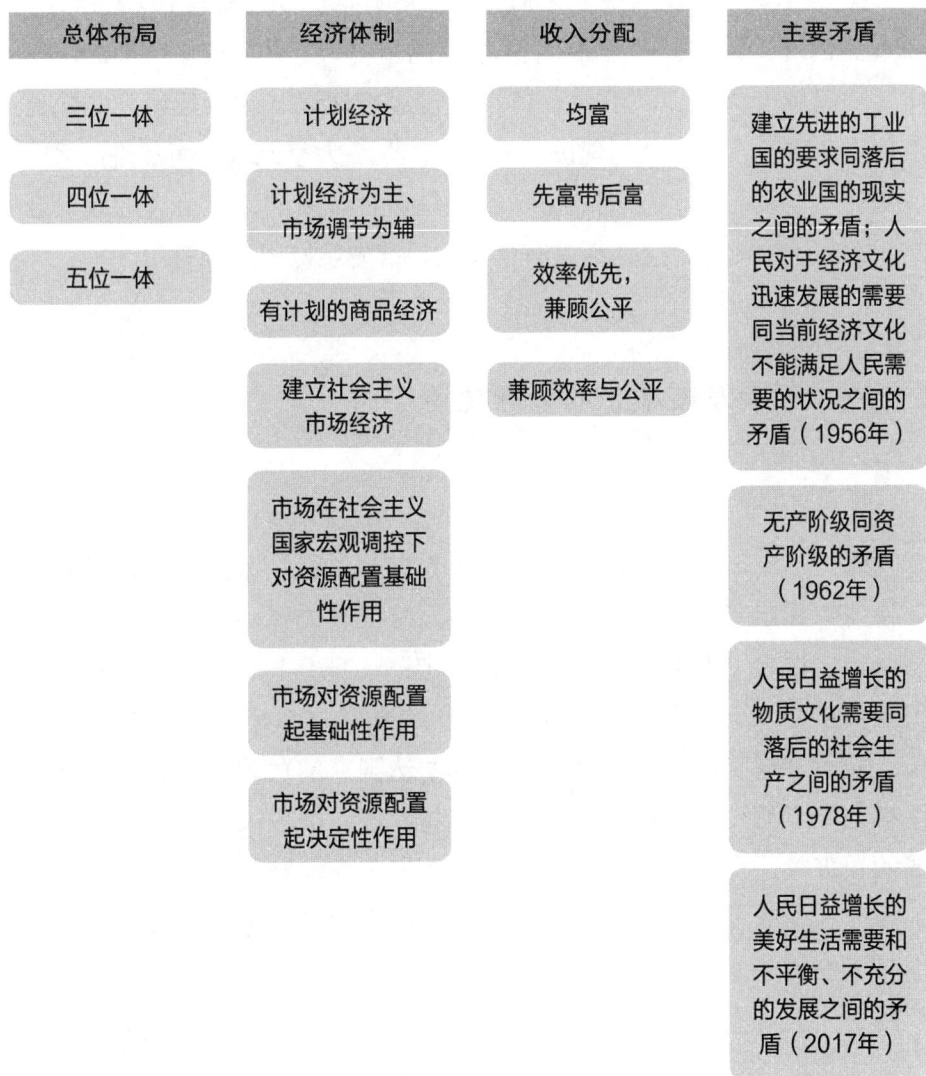

| 总体布局 | 经济体制 | 收入分配 | 主要矛盾 |
|---|---|---|---|
| 三位一体 | 计划经济 | 均富 | 建立先进的工业国的要求同落后的农业国的现实之间的矛盾；人民对于经济文化迅速发展的需要同当前经济文化不能满足人民需要的状况之间的矛盾（1956年） |
| 四位一体 | 计划经济为主、市场调节为辅 | 先富带后富 | |
| 五位一体 | 有计划的商品经济 | 效率优先，兼顾公平 | |
| | 建立社会主义市场经济 | 兼顾效率与公平 | |
| | 市场在社会主义国家宏观调控下对资源配置基础性作用 | | 无产阶级同资产阶级的矛盾（1962年） |
| | 市场对资源配置起基础性作用 | | 人民日益增长的物质文化需要同落后的社会生产之间的矛盾（1978年） |
| | 市场对资源配置起决定性作用 | | 人民日益增长的美好生活需要和不平衡、不充分的发展之间的矛盾（2017年） |

图 16 我国经济发展总体布局

总而言之，从毛泽东思想到邓小平理论，到"三个代表"，到科学发展观，到社会主义发展观的重大突破，是整个社会进步的表现。社会进步的初期我们就是吃饱，再往后面就是环境问题、不公平问题等等，我们一脉相承的过程中，社会主义发展观应该是有突破，更多的是继承，是中国共产党人在不同时期针对特定时期的情况作出的非常合理的正确的调整。

社会主义发展观的主要矛盾，从1956年到1962年再到1978年，一直到2017年，在这个中间相对应的就是"三位一体""四位一体""五位一体"，"五位一体"就是经济建设、政治建设、文化建设、社会建设、生态文明建设"五位一体"。大家说这里面都是口号，但是你一定要记住，这里面每个字都是含金含银的，有巨大的政策含义。学东西的时候，这些都是有含义的，谁先学好了对谁有用。

## 三、五大发展理念的全球视角

首先我们来看看全球的发展情况：

第一，全球经济增长乏力。金融危机后，贸易保护主义盛行，例如特朗普提出了对美贸易巨额逆差的国家征收关税、退出北美自由贸易协定、退出"跨太平洋伙伴关系协定"（TPP）、"美国优先"的贸易保护主义政策等主张。欧盟也开始采取一系列贸易保护主义措施，如回避与美国、加拿大、日本等发达国家的贸易谈判、使用贸易保护主义工具（例如使用更严格的贸易程序，征收关税以消除倾销造成的损害）、提高欧盟在政府采购上的自由立场并寻求更多互惠杠杆的提议。投资方面也比较低迷，世界各地区FDI流入量大幅度下降（见图17）。

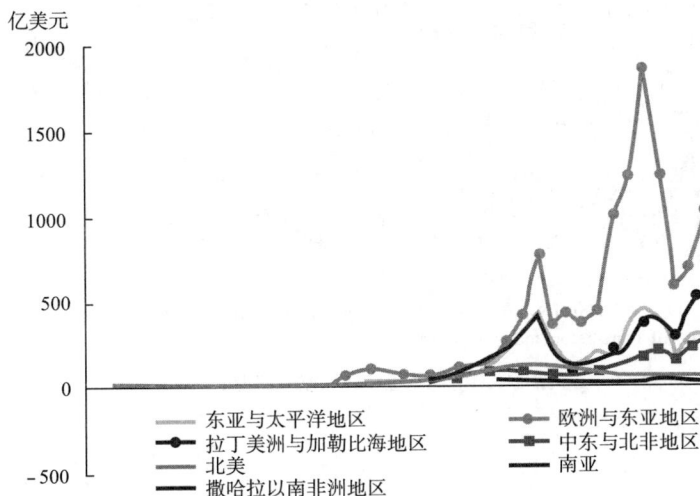

**图 17　全球各地区 FDI 流入量**

图中图例：
东亚与太平洋地区　　　　欧洲与东亚地区
拉丁美洲与加勒比海地区　中东与北非地区
北美　　　　　　　　　　南亚
撒哈拉以南非洲地区

　　第二，区域发展差距大。可以观察到非洲南部国家、南亚以及拉丁美洲国家的经济发展水平都处于较低的水平。

　　第三，全球环境压力增加（见图18至图20）。从历史趋势看，1950年以后，二氧化碳的排放量几乎呈直线上升；2005—2014年，全球二氧化碳浓度上升了5.3%。二氧化碳排放的直接危害是气候变暖，2017年全球平均气温为0.9摄氏度，较2000年上升了0.49摄氏度。按照目前地球上二氧化碳的积累推测，若不减排，2100年全球平均气温将至少上升4摄氏度，这对整个地球来说将是一场巨大的灾难！全球温室效应的危害主要有海平面上升与陆地淹没、飓风加剧、洋流变化、厄尔尼诺现象、气候带移动、植被迁徙与物种灭绝以及雨型改变等。

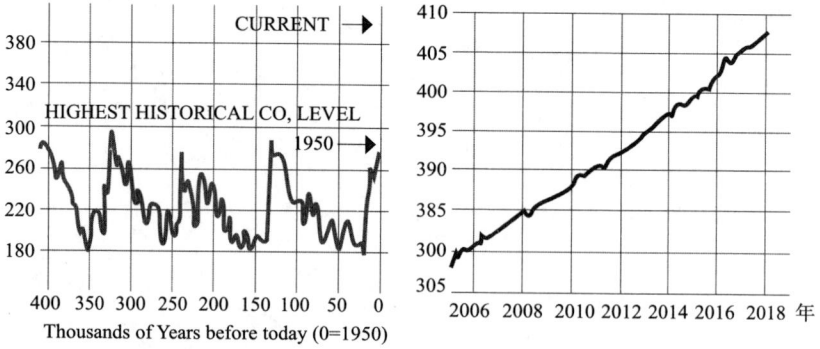

图 18　全球历史二氧化碳浓度

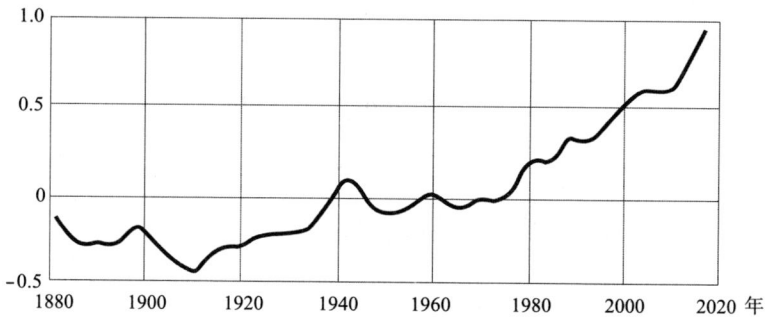

图 19　全球历史平均温度

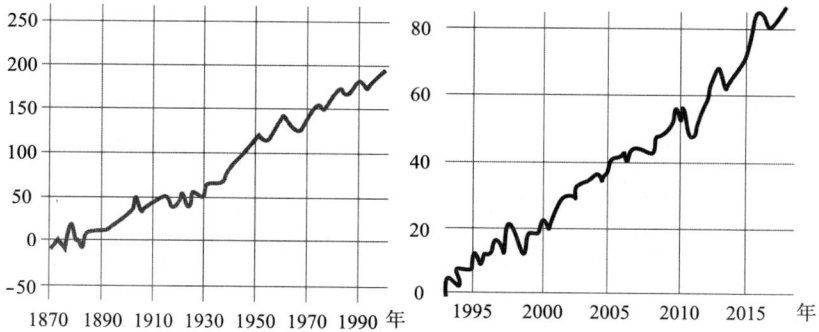

图 20　全球海平面上升幅度

　　第四，贫困与不平等问题仍然是全球发展难题。以世界银行划定的贫困线为基准，全球贫困人口主要分布在非洲和南亚地区（见表9）。

表 9 不同贫困线下的全球贫困人口分布情况（2013 年）

| 地区／贫困线 | 1.9 美元 | 3.2 美元 | 5.5 美元 |
|---|---|---|---|
| 撒哈拉以南非洲地区 | 39043.4 | 63326.5 | 80943.7 |
| 南亚 | 24979.8 | 88363.9 | 141382.3 |
| 东亚与太平洋地区 | 8327.0 | 39609.7 | 95873.5 |
| 拉丁美洲与加勒比海地区 | 3025.7 | 7162.9 | 16857.5 |
| 欧洲与中亚地区 | 1977.5 | 6112.2 | 13392.9 |
| 中东与北非地区 | 949.8 | 5409.7 | 16848.4 |
| 中低等收入国家 | 44710.9 | 1347096 | 218650.7 |
| 低收入国家 | 27663.4 | 44383.1 | 55144.4 |
| 中高等收入国家 | 5799.3 | 254667 | 73626.5 |
| 高收入国家 | 701.3 | 1051.9 | 2103.9 |
| 世界 | 76856.6 | 202374.9 | 347650.4 |

数据来源：世界银行数据库。

还有，部分国家和地区的不平等问题较为严重。目前，非洲南部地区、拉美国家以及中国的收入不平等问题较为严峻。其中，南非的基尼系数高达0.63；巴西和墨西基尼系数分别为0.52和0.48；其最高收入组（10%）占有的收入份额分别为40.7%和39.7%，接近总财富的一半，而最低收入组（10%）占有的收入份额仅有1.2%和1.9%；贫富差距悬殊；中国的基尼系数为0.47，最高收入组（10%）占有的收入份额为31.4%，接近总财富的1/3，最低收入组（10%）占有的收入份额为2.1%。总体而言，收入分配不均的问题仍然存在（见图21）。

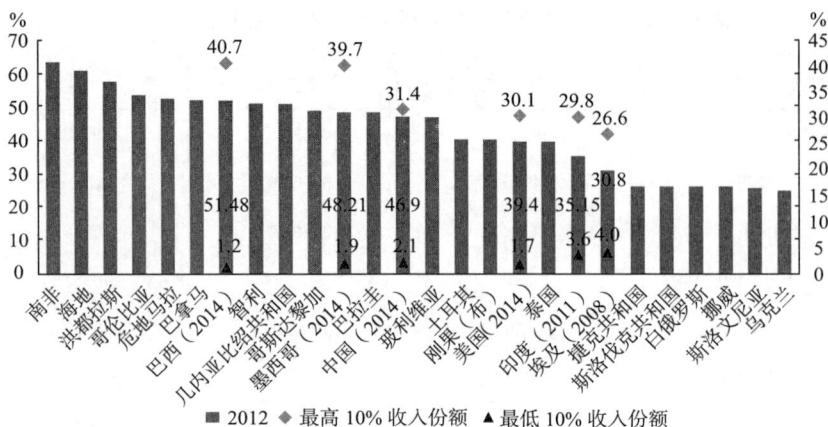

%70 ... 40.7 ... 39.7 ... 31.4 ... 30.1 ... 29.8 ... 26.6 ... %45

51.48 ... 48.21 ... 46.9 ... 39.4 ... 35.15 ... 30.8

1.2 ... 1.9 ... 2.1 ... 1.7 ... 3.6 ... 4.0

横坐标国家：南非、海地、洪都拉斯、哥伦比亚、危地马拉、巴西（2014）、几内亚比绍共和国、智利、墨西哥（2014）、哥斯达黎加、中国（2014）、巴拉圭、玻利维亚、刚果（布）、土耳其、美国（2014）、印度（2011）、泰国、埃及（2008）、捷克共和国、斯洛伐克共和国、白俄罗斯、挪威、斯洛文尼亚、乌克兰

■ 2012　◆ 最高 10% 收入份额　▲ 最低 10% 收入份额

注：横坐标没有括号标注年份的国家，其基尼系数均为 2012 年的统计数据。

数据来源：世界银行和 OECD 数据库。

**图 21　世界部分国家的基尼系数（*100）**

## 四、当代视角的五大发展理念

全球和当今中国面临的问题一样：增长乏力、地区之间差异大、环境污染严重、收入分化差异大等等。其实之前华盛顿共识被很多人接受，认为是"盖世良方"，但是今天为什么不行了？我们发现华盛顿共识的政策目标主要是增长和波动，未关注到"绿色""共享"和"协调"发展等问题，所以它难以解决新时代各国内部面临的危机，而且会产生新的问题。例如，一向主张市场经济、贸易和金融自由化的欧美国家近年来掀起了逆全球化的浪潮，英国脱欧、特朗普当选及其贸易保护主义政策、非法移民和恐怖袭击等一系列事件的发生意味着华盛顿共识的破产，急需新的理念和治理方案来化解这些矛盾和风险。再看，梵蒂冈思潮中，关心中下收入人群，认为资本主义是万恶的，却不赞同对外开放，由此教皇和美国共和党之间的冲突非常严重。

比较而言，中国当下提出的新发展理念是在总结华盛顿共识和梵蒂冈新思潮的经验基础上，将这两者与中国实际相结合的产物。与华盛顿共识不全面的政策药方对比，新发展理念不仅注重增长，更关注发展和治理，有助于实现持续性和包容性增长。与梵蒂冈新思潮相比，新发展理念的政策强调开放和可持续发展兼顾，克服了梵蒂冈新思潮"二者不可得兼"的缺陷，更适用于解决全球其他国家面临的问题和挑战。换句话说，新发展理念的提出为世界各国解决问题提供了新的看问题框架、新思路（见表10、表11）。

**表 10　新自由主义思潮与梵蒂冈思潮**

| 思　潮 | 内　函 | 代表人物 |
|---|---|---|
| 新自由主义思潮<br>（政策转化华盛顿共识） | ● 经济方面主张自由化、私有化、市场化；<br>● 政治方面否定公有制、否定社会主义、否定国家干预；<br>● 战略和政策方面主张以超级大国为主导的全球一体化。 | 哈耶克、卢卡斯、弗里德曼、拉弗、弗尔德斯坦、里根、撒切尔等 |
| 梵蒂冈思潮 | ● 反对新自由主义，认为自由市场经济和全球化会导致深度贫困、不平等以及经济危机；<br>● 主张财富共享，帮助低收入群体摆脱贫困和饥饿，"涓滴理论"无效论；<br>● 强调环境保护。呼吁建立新的全球治理体系来共同应对气候变化问题，全球气候协议必须保证公平性，由于发达国家的历史碳排放较多，对环境和贫困国家或地区产生了严重的影响，应当承担一部分"生态债务"。即发达国家应当限制不可再生能源的消费以及帮助和支持较贫困国家可持续发展。 | 现任教皇方济各 |

**表 11　三种思潮的区别**

| | 创　新 | 协　调 | 绿　色 | 开　放 | 共　享 |
|---|---|---|---|---|---|
| 华盛顿共识 | √ | X | X | √ | X |
| 教皇 | X | √ | √ | X | √ |
| 新发展理念 | √ | √ | √ | √ | √ |

## 五、新发展理念如何改变中国

### 1. 改变之一是价值观

价值观决定我们看待问题的视角和对事物的评价。过去，我们追求单纯的增长，今天我们既要经济增长，还要收入分配公平一点，污染少一点，能耗少一些，地区差异小一些。追求目标都是从单一转向多重，评价体系也是从单一到多维，视野从国内到全球了。

举个例子，"十三五"规划中间很多重要指标只谈国内没有谈国际，比如能源指标。现在中国能源企业的生产、经营和国际是高度相关的，比如国际油价的高低直接影响到我们国家油田的开和关。中国是煤炭大国，但每年进口大概3亿吨煤。去年煤炭企业困难，国家搞一个"276计划"，就是一年国内煤炭企业生产276天，其他时间不让生产。然后把煤价搞上去之后发现沿海企业从澳大利亚、美国和印度尼西亚进口了大量的煤炭，把别国的煤炭企业给搞活了。

今天的中国看任何问题的时候一定要看全球视野。没有全球视野，这样的官员、学者、媒体、记者得出来的结论可能都是有问题的，做出的预判也有可能会出错。

另外一个视角就是总量和结构。总量增长，速度在减缓，但是结构在改善，事实上这就是新常态。很多人认为国家经济不行了，其实新常态在一定程度上是政策显示的结果，是有意而为之的。如果我们不顾前面的五个问题自画像，中国经济增长维持8%、9%是可以的，债务的累积、能耗的加大、污染的严重、地区差异的变大、收入分配越来越不平衡的情况下实现9%是可以的，但是会发现图什么呢？

所以，一味追求高增长其实是不值当的。

五大发展理念正在改善我们国家。这也成为我们看待自己和社会进步，看待经济增长的标杆了。政策追求的目标不一样，评价体系不一样，看到的问题，从国内到全球，视角从总量到结构，这些变化都是潜移默化的。

## 2. 第二个改变，生意不是几家做，做生意不能串谋

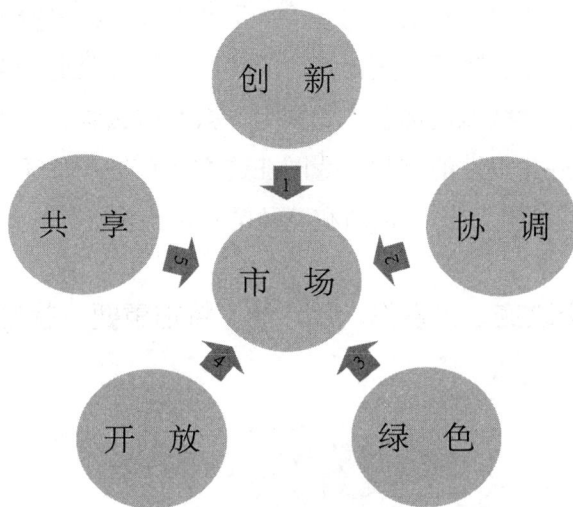

图 22　现代经济体系

我想跟大家说的意思就是市场之制加政府之手，等于建立现代化经济体系。

我们国家的确出现了生意只有几家企业在做的情况。比如教育、医疗、电信、银行等领域，其他人能随便进来吗？很多行业不是让随便进的，行业垄断的情况还很严重。行业准入门槛高，企业想创新，光靠号召没有用。同时，还出现了各种各样的骗补。新企业很弱，政府却在补贴在位的企业。因此，我们的创新政策亟待改进。

另外，行业利润率必须平均化，那么高的行业暴利本身就是问题。垄断企业向社会招聘人才越来越罕见，垄断收益被少数群体瓜分，这不是我们想见到的。我们每个人充其量只是一个垄断行业的生产者之一，但如果不监管垄断，我们作为消费者在三百六十行都要被掠夺。

过去反垄断机构是三家，一家是在商务部，另一家是工商管理总局，还有一家是在发展改革委价监局。现在把三家反垄断机构并在一起，成立了国家市场监督管理总局。市场经济中，反垄断是很重要的，是一定要进行的。

马克思主义认为资本主义的矛盾是生产力和人的消费水平之间的问题。美国一直主张反垄断，美国政府跟美国的超级企业干架，拆了多少企业，微软差点就被他们拆了。美国为什么要这么做，一个最重要的原因就是为了保持竞争性的体制。我国在这方面有进步，还不够。加强对垄断行业的科学监管，这对创新和竞争的贡献最大。

## 3. 第三个改变，关系你、我、他，特别重要，就是政府的收入支出改革

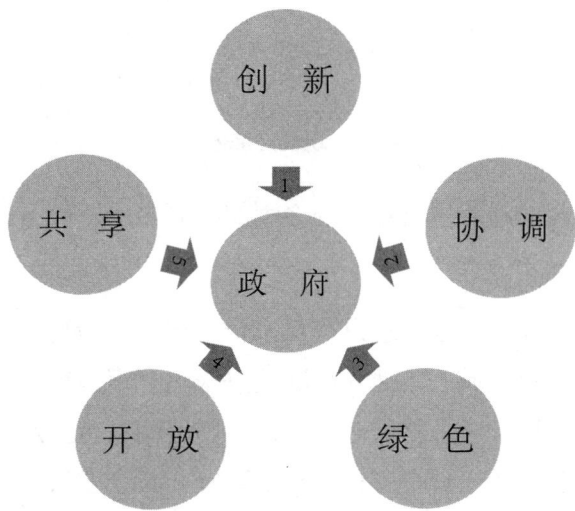

**图 23　政府的改革**

我一直在各种场合说，五大发展理念的落实，首先由谁学？是发展改革委、财政部学，这两家单位学了顶一万家学。落实五大发展理念，在我看来主要是发展改革委、财政部落实。收入和支出这一侧如果不改，发展改革委的政策工具和司局设置不转变，五大发展理念将是缘木求鱼。

我们需要巨大的改变，以解决长期面临的各种问题：一是推进类似九号文的改革，全面提升全社会的效率；二是促进创新的重大计划，比如太空计划、计算机计划等；三是环境税和碳市场设计问题；四是个人所得税改革、社会保障统一。

个人所得税改革很重要，而重中之重是把劳动所得和资本所得平等对待。事实上，很多企业家为什么是不领工资的，一个最重要的原因是躲所得税，因为企业家领取工资的话，最高税率是45%，而分红呢，税率是20%，他用各种各样的办法绕掉了。比尔·盖茨捐各种各样的基金，好多人说比尔·盖茨心肠真好，其实不一定，不捐的话今后就需要支付48%的遗产税，第一代48%，第二代再48%，那富不过三代。个人所得税改革关系社会的方方面面，是整个社会现代治理体系中极其重要的一部分。个人所得税的改革关系公平正义、关系效率，"五险一金"的改革关系效率，低保的改革也关系效率。

为什么发达国家老人退休更好呢？一个重要的原因是政府、社会对教育的支出，教育关系到劳动生产率和资本存量（人力资本）。个人受到的教育越高，劳动生产率就越高，相应地，就更有能力赡养老人。中国的问题是，对穷人的教育问题关注度还不够高。其实给穷人教育是效率提升，不是同情，穷人得到教育越好，参与社会分工与合作的能力越强，全社会的劳动生产率也会越高。若这部分人不能有好的教育，劳动积累不行，他们未来就是你的"猪队友"。

### 4. 第四个改变就是共享、绿色，需要中央和地方关系重构

首先，现行制度安排是不利于污染的预防和治理的。在污染治理职能被赋予地方政府的情形下：一方面是，污染标准高低和治污强度直接影响企业的产量和利润，进而影响所在地政府分享的税收收入。当标准定得过高时，企业利益受损，会有离开现所在地的动机。因此，各个地方政府有降低污染标准和执法力度，扩大本地企业产量、吸引外地企业进入的动机。另一方面，在一些上下游地区，治理污染的成本由上游地

区承担，好处却是下游地区获得，使得上游地区政府缺少有力动机去治理污染。所以，污染问题如果不统筹，一定会出现企业跑到标准低的地方的情况。

其次，现行的财政安排对收入分配的改善效果不佳。第一，所得税由地方政府征收，失业保险、城市"低保"等由地方政府负责的安排严重制约了地方政府"限高"和"垫低"的能力。出于企业和人才流失到临近地区的担心，地方政府在所得税上的征收努力程度会大打折扣。因此，地方政府在对高收入者"限高"方面缺乏足够强的动机。在"垫低"方面，由于一个城市内部存在人口流动，县级政府不愿意提高本地的福利水准，以避免追求较高的福利标准的人口流入。在这样的背景下，依靠地方政府解决收入分配问题是不现实的。第二，现行财政体制安排中，社保体系由地方政府负责。这一安排对劳动力市场的有效运转，养老体系的可持续发展，以及地区差异的缩小都产生了严重的负面影响。

最后，其实大家对央地财政关系存在一个误解，说中央拿得多干得少，地方拿得少干得多，但实际上忽略了转移支付的概念。西藏94%花的钱都是中央政府给的，而北京只有7%，上海只有9%。中央政府每年有6万亿元左右的转移支付，把钱集中起来分到各个省。一般GDP作假没有什么太严重后果，但是财政收入作假会直接导致得到的转移支付变少。

所以，央地关系有必要重构：中央政府要从过去以政策制定为主，转型到制定政策与提供公共服务并重。中央政府在调控经济波动、改善收入分配和治理环境污染等方面承担更多的职能，而地方政府的职能则应相应减少——中央政府的转移支付规模需要缩小。解决污染问题需要中央政府统筹协调；解决共享问题需要改革企业所得税、个人所得税制度，低保制度；失业保险、养老保险、医疗保险、社会救助等支出由中央政府负责，建立覆盖全国所有人群的制度。

## 5. 第五个改变，全球公共物品提供与规则制定

国家国际发展合作署成立，这也是很多业界人、学术界人一直呼吁的，重要的原因是他国的发展和稳定与我国的市场以及资源供应直接相关。

习近平总书记为什么提出建人类命运共同体？我国和世界的经济发展直接相关，能源供应是重要的关系。我国是世界第一大能源消费国，在座的各位开车的油，很多都是国际上进口来的。越大的国家，全球其他国家发生的变化对它的影响就越大。国际能源署（IEA）是买原油的，欧佩克（OPEC）是一个卖原油的。你要成为IEA的成员国，你10%的石油消费量要作为储备的，这样整个IEA的成员国之间是不是石油储备很多呢？所以，经常听美国说，美国把原油放在墨西哥湾，说油价高涨的时候释放战略储备，这是威慑OPEC。在这里面，中国的利益是什么呢？在能源问题上我们希望全球能源稳定供应，希望价格不要暴涨，也不要暴跌。

其次，在税收竞争问题上，2017年美国总统特朗普提交降低总体税负的税改方案后，全球税收竞争态势加剧，那么我国如何应对呢？如果采取不应对策略，尽管可以尽量保证国内税收政策的自主性，避免与其他国家陷入恶性税收竞争，但也会损害我国经济。一方面，在外部税收竞争的压力下，中国企业可能会把资产转移海外，引发资本外逃；另一方面，外部税收竞争会影响企业投资选址，使本应落户中国的企业转移至其他国家。为了保障国内经济稳定，中国应该对税收竞争作出应对。但如果采取竞争性策略，通过下调企业所得税率等方式降低企业总体税负水平，以吸引投资。竞争性回应可能进一步导致各国税率的"逐底"竞争，达到偏离最优的"囚犯困境"的结果。同时，中国财税改革的重点是补充过去缺乏的税收工具，例如遗产税和赠与税。大部分税收改革都会提升税负总体水平，中国缺乏参与全球税收竞争的减税空间。参与税收竞争还会对中国收入分配、经济波动、政府效率等层面产生潜在负面影响，竞争性策略整体而言弊大于利。

更有效的办法应该是建立世界税收合作组织，制定全球税收治理的规则。以G20牵头制定最低企业所得税率和最低个人所得税率，推动构建全球税收信息共享数据库，建立"一带一路"沿线国家财政自动稳定器等，为全球税收治理提供"中国方案"。

再次，在应对气候变化问题上，现阶段世界银行、亚洲开发银行、非洲复兴、欧洲复兴等停止火电贷款的"一刀切"政策，实际上没有顾及发展中国家的利益。事实上，"一带一路"沿线多数国家的经济发展阶段较低，抛开中国和印度，沿线国家的历史碳排放较少。他们的经济发展需要能源，也有道义上的权利再排放一定的二氧化碳，应该给予他们一定的碳空间。没有一定的火电作为基础，新能源是无法发展的（不稳定），产业发展和人民生活提升也都是空谈。

所以，（1）应当实行"共同但有区别"的减排责任安排。通过合理安排各国的减排空间以实现二氧化碳和其他高污染气体排放的减少。全球气候协议必须保证公平性，由于发达国家的历史碳排放较多，对环境和贫困国家或地区产生了严重的影响，应当承担一部分"生态债务"，即发达国家应当限制不可再生能源的消费以及帮助和支持较贫困国家可持续发展。（2）以增量控制推动低碳发展。例如推广使用新设备和新技术，对新能源发展采取新的贸易规则。（3）中国承诺更多的减排。秉承"勇敢担当、包容开放"的态度，中国愿意承担更多的减排任务，为"一带一路"沿线国家发展提供更多的机会。通过贯彻落实习近平总书记提出的"新展理念"——创新、协调、绿色、共享和开放，深入推进供给侧结构性改革等措施，不折不扣地完成任务，消除相关国家、国际组织关于气候变化的疑虑。

最后是TPP协议。TPP协议的要求是建立一个高标准、体现创新思想、涵盖多领域和范围的亚太地区一体化合作协定，它要求所有成员国提升劳工标准和环保标准。实际上，对于经济欠发达的国家和地区而言，若将两个标准制定得过高，会降低对外商资本的吸引力，不利于资本的形成，结果反而不利于劳动者收入的提高。所以，我们建议现阶段先制定较低的劳工和环保标准，然后在增量上以五年或十年为一个单位逐步提高相应指标的门槛，确保两个标准的提高与经济发展阶段相适应，与居民对健康、环境的需求变化步调一致。

另外，五大发展理念之间可以产生叠加效应。促进创新的市场开放有助于收入分配改善，促进创新的全球统一市场也有助于改善收入分配和污染治理，换句话来说，五大发展理念实施过程中，有叠加效应、有一加一大于二效应，这是很好的一件事情。

总而言之，五大发展理念顺应了人民的需要、国家进步的需要，需要观念、市场、政府组织的变革。我们今天仍是发展中国家，我们仍要保持较高的增长速度，但是维持较高增长速度，需要注意收入分配问题，地区差异问题，环境污染问题，以及全球的地位问题。在五大发展理念落实的过程中，这些问题的处理其实是有助于国家进步的。新政策调整或新的政策工具的创新，对我们的影响大部分是正面的，而且影响效益是叠加的，个别的问题处理未来可能需要更坚决。

## 六、互动环节

**问：** 郑教授好，有一个问题，您刚才好像没有说完的人民币国际化的问题，想问一下您对人民币国际化的利弊有何看法？

**郑新业：** 我不是这方面的专家，但是我想说，人民币国际化的好处没有人民想得那么大。第一是怎么持有人民币，第二个人民币反过来在中国金融市场、货币市场、债务市场的影响。在没有回答好这两个问题的时候，人民币国际化其实是挺难的选择。

问：您刚才说美国对富人的税率比较高，简单从这个角度来讲，富人向美国流动的情况多还是少，就您了解的情况简单介绍一下？

郑新业：少，我认为中美政府在G20过程中，其实应该倡导G20同步，在税收上有一个最低税负，比如所有的国家企业所得税不能低于25%，最高个人所得税率所有国家不得低于36%。这个情况有一个好处，让富人没有地方逃。我们国家改革之前，我们国家税基和税率都上升到中央，就是减少地方政府税收竞争。现在全球竞争的结构，如果G20协调好了世界就没有关系，如果中美协商好了，其实世界也没有关系。

问：国家刚刚成立了市场监督管理总局，您认为这个总局后续在管理方面会在哪些行业做更多的认定和惩罚，因为我是做互联网的，类似于像BAT，已经在民间和官方，把它当做是互联网基础设施的企业，怎么避免像微软一样被政府拆分的命运？

郑新业：我觉得唯一推进这个事情的办法，就是起诉。其实，此时此刻，全国反垄断的人非常关心的是国家治理能力建设的缺乏。

问：老师您好，我在银行工作，今天出了一个新闻，银监会、保监会合并，强强联合，这对以后金融行业和资本市场有什么影响吗？

郑新业：政府为什么存在，政府存在是有原因的，政府存在的原因是市场失灵，比如政府存在通常有五个理由：提供公共物品、监管垄断、解决互换互信、提供社会保险、提供社会救助。在不同时期政府也不一样，比如像银监会、保监会，按理讲只要市场是充分发育的，不用管，当然我们国家不允许银行和保险公司倒闭。在政府监管市场这方面，现在的理念应该是有的，但是可能如果市场竞争特别充分的情况下，政府监管边界也不一定伸那么深，你们不要认为管得严就一定是好的，银监会现在就管得太严了，责任最后是银监会的。

**问：**您刚刚说五大发展理念的叠加和彼此之间相抵，你说协调是最难的，能把这个话题再继续说一下吗？

**郑新业：**换个思路，其实我们国家比较城镇化，人口密度在地方并不高，我们可以有更大的城市，人口密度可以更高。我觉得城乡之间应该允许农村人进城市，其实是双赢，城市人应该允许去农村，现在都不让。

在地区之间，政府实施的东北振兴、西部大开发、中部崛起等战略，其实效果并没有想象中那么好，而且浪费了很多钱；个人觉得有必要换个"药方"，充分发挥市场机制的作用，让人口自由流动，让资本自由积聚。

我个人认为五大发展理念协调是最难整的，在目前我看到的协调战略中，协调政策工具中，都不好起作用。而从当代经济史的角度来讲，他国的经验证明也不起作用。

中国人民大学重阳金融研究院在 4 月继续推出对话人大名教授系列讲座，2018 年 4 月 9 日晚由中国人民大学外国语学院王建华教授主讲。他围绕"一带一路"与对外文化交流、翻译等问题进行了精彩的演讲，其中有不少内容是对"一带一路"翻译问题的实用指导。

# "脑洞逆差"与"一带一路"对外交流

□ 王建华

我们在"一带一路"的对外交流过程中，因为文化的差异、思维方式的不同等，经常会出现各种脑洞大开的问题，我们称为"脑洞逆差"。脑洞的打开，其实就是人的认知问题，从心理学上来讲，只有你对一个问题认知深入，才会进入到脑海里面，也才能了解得更深、更透一点。我今天主要讲五个部分：一是认知"一带一路"沿线国家及地区，二是"一带一路"计划的推进，三是"一带一路"对外交流、翻译与话语，四是国家语言政策与"一带一路"，五是"一带一路"国家和地区的文化认知。

## 一、认知"一带一路"沿线国家及地区

"一带一路"沿线大多是新兴经济体和发展中国家，总人口约44亿，经济总量约21万亿美元，分别约占全球的63%和29%。这些国家

普遍处于经济发展的上升期，开展互利合作的前景广阔。最近两年，"一带一路"发展迅速，"一带一路"的一举一动，都能引发全球媒体的热点聚焦。

## 二、"一带一路"计划的推进

大家知道，在我国推出该倡议之前，日本在20世纪90年代提出过旨在增强其政治影响和经济渗透的"丝绸之路外交"战略。2004年，这一战略再次重提，但收效甚微；而美国在2011年提出的"新丝绸之路"计划基本以失败告终。

但从2013年，习近平主席提出丝绸之路计划后，推进得特别快，截至2016年底，中国企业已在"一带一路"沿线20多个国家建设56个经贸合作区，累计投资超过185亿美元，为东道国创造了近11亿美元税收和18万个就业岗位。

从这两点来看，国外媒体对中国的"一带一路"倡议产生疑问或误解在所难免。当一个事情发展比较迅猛的时候，别人也尝试这样做过，你做得比较成功、比较迅猛的时候，自然形成误解。

"一带一路"有诸多的具体成就，比如说在埃塞俄比亚，非洲首条全套采用中国标准和中国装备建造的现代电气化铁路亚吉铁路已建成通车，非洲铁路史翻开崭新一页。连接东非第一大港口蒙巴萨和肯尼亚首都内罗毕的蒙内铁路，是肯尼亚半个多世纪以来兴建的最大基建项目。2014年5月，中哈物流基地在中国连云港启动，哈萨克斯坦乃至中亚第一次正式获得通向太平洋的出海口等等。丝路基金的成立，实际投资金额达到了53亿美元。2016年第71届联合国大会通过决议，首次写入"一带一路"倡议，得到193个会员国一致赞同。中国提出这些，既有经济手段的支撑，还有理念的保障，我们习近平总书记所提出的人类命运共同体，与美国特朗普总统现在所作所为，形成了鲜明的对比。

## 三、"一带一路"对外交流：翻译与话语

"一带一路"沿线的国家比较多，其中"陆上"一带一路涉及的国家就超过60余个，涉及上百种语言，这就涉及"一带一路"对外交流、话语体系构建和人才培养等问题。

对外话语体系的构建和文化输出可视为"一带一路"建设中的重要内容，翻译从某种程度上代表了国家的对外语言能力与水平，翻译得精准与否，关系到"一带一路"的实施进程、中国文化外宣的效度与力度。

1. 精准翻译与话语权。以非洲为例，非洲是"一带一路"建设的战略节点，是传播中国话语的重要窗口。通过准确的翻译，主动输出中国特色话语与文化，可打破西方话语在非洲的垄断局面及其对中国造成的不利影响，进一步推动中国在非洲的话语权建设，使非洲大陆全面、直接、正确地认识中国话语以及中非话语的异同，对于中非合作互惠关系的长远发展有着重要意义。

这也意味着，"一带一路"在非洲的建设及中国话语与中华文化在非洲的传播，需要高素质的翻译人员肩负起这一历史使命。翻译人才的重要性，首先在细节上展现出来。

大家知道，"韬光养晦"这个词，最初邓小平同志提出之后，我们最初的翻译就是"Hide one's capacities and wait for the opportunity"，隐藏我们的能力，等待机会。老外当然害怕，这是要等机会你发展起来干掉我们？其实邓小平同志提出的"韬光养晦"最重要的表达是自我克制一点，后来发现用"self-restraint"这样的翻译比较好一点。

再例如，"一带一路"最初翻译是一种战略（One Belt and One Road Strategy），后来发现"战略"这个词不能用，一用战略，给别人国家造成你是"aggressive（侵略）"的感觉。现在大家比较接受的

是initiative（倡议），即"一带一路"倡议，当然还可以用plan等。外事无小事，细微的用词变化，给对方造成的感觉大不一样。

2. 翻译与媒体话语传播。当前存在新政治术语对外传播效果不明显，翻译过程中削弱了传播效果等问题。其中，多数概念未进入西方学界，导致中外宣传失衡，外国对中国新政策了解程度不一。习近平总书记的新时代思想，里面很多的概念性、理论性的论述，能否准确地翻译过去让他们（外国）理解，这也是当前非常重要的任务。

3. "一带一路"概念表述翻译问题与对策。这其中有两个问题，一是外文版本不统一不利于传播，不利于老外的理解。二是外文语种译本较多，中外传播效果失衡。

有人做过统计，在"一带一路"的大量会议里面，词汇中新组合词占比特别高，新组合词产生之后翻译本身就带来问题，对于这样的表述怎么翻？

比如"一带一路"概念的表述，"一带一路"这个概念有多种翻译方法，"One Belt and One Road Strategy"，这种翻法好还是不好，最初就是这样翻的，后来发现不行，为什么？因为"一带一路"计划对我们中国来讲这是我们唯一的，前面加上一个the就不一样。后来就变成了"Initiative, the Belt and One Road Strategy"，后面又是"Initiative, One Belt and One Road"，现在也有简称为"Belt and Road"的。慢慢地，后来开始用"The Belt and Road"。如果看一些报道，还出现过"The land and maritime Silk Road programs"这种。当前来讲，比较普遍被接受的就是"The Belt and Road Initiative"。大家都认可了这一个表述，并且老外也理解了。现在还有一个熟悉的办法就是"The BR"，很简洁。所以，一个概念的形成，最初它的表述可能是各种各样的表述都有，但是慢慢随着时间的推移，大家发现很多表述都落到一个上面去。

类似问题的解决办法一方面是术语立法，加强术语管理。另一方面是推广示范，深化内外交流。现在我们搞翻译的人都需要跟计算机的结合，其实一是语料数据库的建立。怎么建库？二是推广示范，深入内外交流，这个用法一定要让国内外接受它，咱们中国原来"三个代表"，后来"科学发展观"，我国的翻译国外都认可了。现在习近平总书记系列重要思想的译法，国外的报道和国内最后表述也逐渐趋于一致。但是我们大家看到，中国制造2025，美国人最近将这个和贸易战混合到一起，在这方面的翻译就要慎重，要准确。

4. "一带一路"中国文化外宣和交流主要有三个方面的内容。一是中国传统问题与特色社会主义文化。例如，在阿拉伯世界你会发现结婚的时候，新娘手上点很多的红点点，左手、右手都有，但男的不需要，在旁边看着，我们会觉得比较新奇。他们也对我国为什么结婚的时候新娘要戴上红盖头非常感兴趣。其实我们知道中国的婚俗文化各地也不一样，北京搞婚礼就很平淡，你要到四川去，那个地方搞婚礼，中午吃一顿，下午打麻将，晚上还要再喝一顿，这些传统的文化点滴，就是对外交流很好的落脚点。另外，就是特色社会主义文化，现在我们很多理论，还需要加大外宣力度。还有中国旅游资源文化，中医文化、茶文化等。中国是一个产茶大国，而且斯里兰卡，包括孟加拉国、印度甚至到英国都有喝茶的习惯。怎么把我们国家的茶道、茶艺、茶品等给他们讲清楚？这个翻译工作也是非常重要的。

5. 加强典籍的外译。当前典籍翻译选材过于集中且比较单一，中国典籍涉及文史哲三科和儒释道三教，以及中国的兵家典籍、科技典籍和文字音韵训诂方面的典籍。在浩瀚如海的中国典籍中，真正译成外语传播的则多集中于"四书五经"等哲学思想类作品和《红楼梦》等古代文学经典，对于散文和戏剧的翻译少之又少，民族典籍的翻译鲜有涉猎，而科技类典籍的翻译几乎无人问津。因此，要想将中国优秀文化通过典籍传播出去，扩大典籍翻译选材范围是非常必要的。

其实现在外译需求非常强烈，很多外译的方法也在转变。例如《四书五经》，现在翻译已经都直接用拼音了，也被老外接受了。原来西藏是Tibet，现在直接用拼音了Xizang，老外也懂，你说多了他也接受。近几年来，我国的外译需求越来越大，之前更多我们是引入，翻译国外的，为什么？我们经济弱。但当一个民族，当一个国家经济强大到一定程度的时候，别的国家自然要翻译你的东西。

因此，译者库需进一步充实。翻译人员的培养也很重要。我们现在更多需要培养汉语功底深厚的外语学生。如果没有良好的汉语功底，会发现你翻译的时候理解会非常痛苦。我们发现，现在英语专业的学生，大量的时间就在学英语，背英文单词，看英文文章，包括看一些经典的国外文章，反倒是汉语看得比较少。这个问题也需要重视。

6. "一带一路"对外交流翻译的几个原则。

一是抓主语原则。我们在汉译英的时候，大家读汉语一个段落，一个长句子，痛苦的找不到主语，有这个情况。比如连续几句话："抓住机遇，深化改革、扩大开放、保持稳定"，听完之后会问，到底主语是谁，谁抓？这时候想一想可能是China，或者We，我们（抓）。英语主语决定了句法结构，汉语主语的重要性相对较低，在汉译英时最重要的就是选主语，主语选好了，越译越顺；选不好，越译越累。

二是谓语最小化原则。汉译英必须考察动词，汉语动词倾向于译为名词、形容词或是介词词组等。常见的减少谓语的方法有"把动词变成名词""使用介词短语""使用分词短语""多使用to表示目的状语"，把并列谓语中最后一个谓语处理成"which"的非限制性定语从句等。比如，"站在新的起点上，中国愿与沿线国家一道，以共建'一带一路'为契机，平等协商，兼顾各方利益，反映各方诉求，携手推动更大范围、更高水平、更深层次的大开放、大交流、大融合，"里的谓语很多，其实可以处理成一个谓语动词。参考译文如下："China is ready to conduct equal-footed consultation with all countries along the Belt and Road to seize the opportunity provided by the Initiative, promote opening-up, communication and integration among countries in a larger scope, with higher standards and at deeper levels, while giving consideration to the interests and aspirations of all parties."

三是句群逻辑关系原则。汉译英从逻辑上区分为原因关系、转折关系、条件关系、让步关系、时间先后关系、结果关系。比如，"共建'一带一路'是中国的倡议，也是中国与沿线国家的共同愿望"就表示的是让步关系，参考译文为，Though proposed by China, the Belt and Road Initiative is a common aspiration of all countries along their routes.

四是连接原则。译者要具备强烈的"逻辑"使命感，多加连词，灵活合句、缩句、换序。比如，'一带一路'建设是开放的、包容的，欢迎世界各国和国际、地区组织积极参与"。就可以采取这一办法译成：The development of the Belt and Road is open and inclusive, and we welcome the active participation of all countries and international and regional organizations in this Initiative.

五是词组与从句互译原则。汉语中的宾语和定语地位较低。汉语动词多，而英语名词多。汉语词组常译为从句，比如，'一带一路'是促进共同发展、实现共同繁荣的合作共赢之路，是增进理解信任、加强全方位交流的和平友谊之路"。里面的词组"促进共同发展、实现共同繁荣"就要译成 that promotes common development and prosperity 这样一个从句。

六是简明原则。习近平主席在"一带一路"国际合作高峰论坛开幕式部分演讲提到："孟夏之日，万物并秀。"在这美好季节，来自 100 多个国家的各界嘉宾齐聚北京，共商"一带一路"建设合作大计，具有十分重要的意义。译成：In this lovely season of early Summer when every living thing is full of energy, I wish to welcome all of you, distinguished guests representing over 100 countries, to attend this important forum on the Belt and Road Initiative held in

Beijing. 其中，early summer 一词指的就是孟夏，外国人不理解何为"孟""仲""季"的排列，译为初夏就简单易懂。

此外，习近平主席经常会引用一些经典。例如习近平主席的"一带一路"对外演讲之印度尼西亚国会演讲中提道："合抱之木，生于毫末；九层之台，起于累土。"这个译成：A tall tree grows from a small seedling; and the building of a nine-story tower starts with the first shovel of earth. 其实译得很简单，一棵很高的树是从小树苗长起来的，听起来很形象，简洁明了。

## 四、国家语言政策与"一带一路"

面对"一带一路"60多个国家，如果包括地中海西地区，将近90余个国家，上百种语言，我们如何适应"一带一路"国家的语言文化需要？我们如何制定自己的语言政策和规划自己的语言战略？"一带一路"沿线国家语言政策如何？我们可借鉴的方面是什么？

1. 语言政策与语言规划具有优先性。"一带一路"的主要目标之一，就是实现习近平主席提出的"五通"，即政策沟通、道路联通、贸易畅通、货币流通、民心相通。然而，任何一项沟通都离不开语言，因为语言是经贸活动的媒介和工具，也是文化交流的内容和载体。

2. 开发我们自己的语言优势，为"一带一路"语言铺路。"一带一路"沿线国家使用的50多种官方语言绝大多数都是我国稀缺的非通用语种，更别提数量众多的、使用范围较广、经济价值较高的"一带一路"沿线国家的地方语言和主要方言。语言不通，是制约"一带一路"快速发展的主要障碍之一，而语言人才的培养需要一个较长的周期，难解"一带一路"人才短缺的燃眉之急。

我国约有30多个跨境民族，大概50多种跨境语言，涉及"一带一路"沿线国家的跨境语言约40种，主要分布在东南亚的泰国、越南、缅甸、老挝，及中亚的哈萨克斯坦、吉尔吉斯斯坦、乌兹别克斯坦、塔吉克斯坦等国。

建设我国服务"一带一路"倡议的跨境语言人才库。根据跨境语言能否直接交流和沟通，可将其分为三类：（1）跨境语言由于地缘政治与历史变迁的原因在两国已经产生较大差异，相互交流有困难（如中国的藏语与尼泊尔的藏语；中国的傣语与泰国的泰语）。（2）两国人民见面能够直接无障碍沟通的跨境语言（如中国与缅甸的景颇语）。（3）两国人民需经过一段时间的简单培训与适应才能通话（如：中国与泰国的哈尼语，又称"阿卡语"，或"尼语"）。了解我国与"一带一路"沿线国家之间跨境语言人才的分布，采用合理的语言战略与语言规划，盘活国家整体语言能力中的现有"跨境语言"存量，是解决"一带一路"人才紧缺的有效手段之一。

3. 阿拉伯语战略规划与人才培养。全世界22个阿拉伯国家，绝大多数都处于"一带一路"沿线，是我国推进这一倡议的重要依托。阿拉伯国家是当今多极世界的重要力量。阿拉伯语作为联合国6大工作语言之一，是22个阿拉伯国家的官方语言和国家语言，是4亿阿拉伯人的母语，也是全球17亿穆斯林的宗教语言。搞好阿拉伯国家国情的基础研究，尤其是做好阿拉伯国家语言战略研究，对于在这一地区顺利开展"一带一路"倡议下的国际合作与交流具有重要的战略意义和现实价值。阿拉伯语是比较难的语言，需要很长的时间学习。一个是它的字母为28个，就是写法也比较费劲。我们国家这一块还需要进一步加强。

4. 印度语言政策与规划研究。印度宪法承认的部落有212个，语言和方言总数约为1652种。印地语是国家的官方语言，英语是国家辅助的官方语言，宪法承认的地方民族方言有15种在印度，除了印地语、英语两种联邦级官方语外，宪法还承认包括印地语在内的22种邦级官方语言。但毋庸置疑的是，印地语是印度所有通行语言中最具影响力的一种。

由于全国非印地语地区强烈反对唯印地语的政策，印度诸邦主要部长会议于1967年达成了一项著名的妥协方案，即《三语方案》。该方案规定，中等学校必须讲授英语、地方语言和印地语这三种语言。法案规定印度的学校必须教三种语言：在印地语地区教授印地语、英语和其他一种印度语言，在非印地语地区教授本地语言、英语和印地语。这就是著名的"三语方案"，其初衷是缓和印度的语言矛盾，促进非印地语地区的印地语推广工作，为印地语未来的国语地位打好基础。此后，印度的语言格局演变为：印度大部分地区通行"印地语＋英语＋一种民族语言"，少数地区通行"一种地方语言＋英语"。

5. 新加坡和印尼语言政策与规划。新加坡语言政策分为三个阶段：第一阶段是英国殖民时期，施行英语同化政策；第二阶段从1950年到1965年，推广马来语，多语并存；第三阶段是1965年新加坡共和国成立后，以英语为主，以华语、马来语、泰米尔语三种民族语为辅的多语制和双语制。以多语并存来谋求民族和谐与政治稳定，以英语来加速现代化进程的语言政策，使新加坡只用了短短二三十年就跻身于世界发达国家之列。

印度尼西亚语言政策的发展也分为三个阶段：第一阶段是荷属殖民地期间，荷兰语和马来语并重；第二阶段从1945年到1990年，规定印尼语为国语，英语为通用语，同时压制和禁止华语；第三阶段是中国与印尼复交以后，解禁华语，英语通用程度提高，要求外国员工讲印尼语。印尼以本土语言印尼语为单国语，为进一步推行马来语同化政策，向海外输出马来语言和文化奠定基础。

这两国语言政策有两个共同点，一是两国均从国家利益出发制定语言政策，二是两国均不采用人口最多的民族语言为国语。

6. 西班牙语政策及规划研究。西班牙语是一种以拉丁语为基础的语言，是世界通用语言之一。除西班牙外，还有拉丁美洲的多数国家，非洲的赤道几内亚等总计有21个国家的官方语言是西班牙语。此外，西班牙语在美国西部和南部、菲律宾等地也广泛使用，在全球范围内，母语为西班牙语者的总人数超过4亿。

早在18世纪初西班牙政府就成立了西班牙皇家学院作为专门的机构负责规范语言的使用，其宗旨就是保证语音与词汇的正确、优雅与纯粹。此后，拉美各西语国家相继成立了西班牙语语言学院。西班牙语语言学院协会的共同纲领是："锲而不舍地工作，为维护西班牙语这一共同使用的语言的完整和统一而奋斗；同时保证西班牙语的发展与其传统及本质相互一致。"

综合以上比较，我认为当代中国语言政策规划应考虑两方面，一是对内确保国家稳定和经济发展，增强国家软实力，以提高汉语的语言Q值和语言综合竞争力；二是在东学西传的大背景下，在世界范围内开设更多的孔子学院和海外中国学术研究中心，进一步扩大海外汉语教育的市场，联合海外汉学的研究力量，通过文化外交的方式促进中华语言和文化的世界传播。语言背后是一个国家综合实力的体现，在"走出去"的战略思想指导下，真正实现汉语语言和文化资本的输出。正如国务院新闻办原主任赵启正2006年倡议要加大汉语国际推广力度时所说："谁喜欢上你的语言和文化，你就拥有了谁。"

## 五、"一带一路"国家和地区的文化认知

以阿拉伯为例，过去提起阿拉伯世界，许多人更多会联想起一望无际的沙漠。但今天的阿拉伯世界文化、语言和它美丽迷人的风景一起，成为全球最新最热门的流行元素，让人们无限向往。

阿拉伯文化不同于伊斯兰文化。很多时候，人们误将阿拉伯文化等同于伊斯兰文化。尽管阿拉伯文化与伊斯兰文化有巨大的相似性，尽管

阿拉伯人也大都信仰伊斯兰教，但两者本质上还是有区别的。一般来讲，阿拉伯文化是指阿拉伯民族在长期的历史生活中形成的生活和生产形态、思想观念、意识形态、道德风俗、制度文化等的综合体系，而伊斯兰文化不是局限于阿拉伯民族，而是全世界范围内穆斯林文化的总体成就与概况。也就是说，阿拉伯文化是地域概念，伊斯兰文化是宗教概念，虽然二者有很多相似的文化事项和组成部分，但二者本质上仍是不同的。

阿拉伯文化特点很鲜明，是"沙性"文化。文化的"沙漠特质"因为它长期处在这个地方，沙性具有扩张、包容、吸纳性。当阿拉伯人遇到外力的时候，阿拉伯人很容易团结起来，如沙遇水凝结成土。然而沙漠也有多变、极端性的特点。另外，"沙性"文化有颗粒性、松散的特点，所以，彼此之间也并不是很一致，非常具有多样性。

可能受当地生存环境的影响，导致沙性文化的产生，有关它的一切比喻来自生活环境，例如，它说女孩漂亮得像羚羊一样，咱们说漂亮得像西施一样，我们把美女比喻成人，它比喻成小动物——羚羊，说羚羊的眼睛比较漂亮；说女孩子的皮肤比较好，会说你的肌肤有如麝香，又美又香，等等，很有意思。总之，正是因为文化和认知的多样性，才会在"一带一路"交流碰撞中产生各种奇妙的脑洞，在打开五彩斑斓世界的同时，也打开了机遇之门。

# 中国人民大学重阳金融研究院
# 图书出版系列

## 一．智库作品系列

到人大重阳听名教授讲座．王文 主编．中国金融出版社．2018年10月

中国改革大趋势．刘伟 主编．人民出版社．2018年10月

新丝路、新格局——全球治理变革的中国智慧．王利明 主编．新世界出版社．2018年6月

富豪政治的悖论与悲喜．陈晨晨 著．世界知识出版社．2018年4月

"一带一路"民心相通．郭业洲 主编．人民出版社．2018年1月

看好中国：一位智库学者的全球演讲．王文 著．人民出版社．2017年10月

风云激荡的世界．何亚非 著．人民出版社．2017年10月

读懂"一带一路"蓝图．刘伟 主编．商务印书馆．2017年8月

金砖国家：新全球化发动机．王文、刘英 著．新世界出版社．2017年7月

全球治理新格局——G20的中国贡献于未来展望．费伊楠、人大重阳 著．新世界出版社．2017年7月

"一带一路"故事系列丛书（7本6大语种）．刘伟 主编．外文出版社．2017年5月

世界新平庸 中国新思虑．何伟文 著．科学出版社．2017年5月

一带一路：中国崛起的天下担当．王义桅 著．人民出版社．2017年4月

在危机中崛起：美国如何实现经济转型．刘戈 著．中信出版集团．
2017年4月

绿色金融与"一带一路"．中国人民大学重阳金融研究院、中国人民
大学生态金融研究中心 著．中国金融出版社．2017年4月

破解中国经济十大难题．中国人民大学重阳金融研究院 著．人民出
版社．2017年3月

伐谋：中国智库影响世界之道．王文 著．人民出版社．2016年12月

人民币为什么行．王文 贾晋京 编著．中信出版集团．2016年11月

中国—G20（大型画册）．中国人民大学重阳金融研究院 著．五洲
传播出版社．2016年8月

G20问与答．中国人民大学重阳金融研究院 著．五洲传播出版社．
2016年8月

全球治理的中国方案．辛本健 编著．机械工业出版社．2016年8月

"一带一路"国际贸易支点城市研究（英文版）．中国人民大学重阳
金融研究院 著．新世界出版社．2016年8月

2016：G20与中国（英文版）中国人民大学重阳金融研究院 著．新
世界出版社．2016年7月

世界是通的——"一带一路"的逻辑．王义桅 著．商务印书馆．
2016年6月

一盘大棋——中国新命运的解析．罗思义 著．江苏凤凰文艺出版社．
2016年4月

美国的焦虑：一位智库学者调研美国手记．王文 著．人民出版社．
2016年3月

2016：G20与中国．中国人民大学重阳金融研究院 著．中信出版集
团．2016年2月

"一带一路"国际贸易新格局："一带一路"智库研究蓝皮书

2015—2016. 中国人民大学重阳金融研究院 主编. 中信出版集团. 2016年1月

G20与全球治理：G20智库蓝皮书2015—2016. 中国人民大学重阳金融研究院 主编. 中信出版集团. 2015年12月

"一带一路"国际贸易支点城市研究. 中国人民大学重阳金融研究院 著. 中信出版集团. 2015年12月

从丝绸之路到欧亚大陆桥. 黑尔佳·策普-拉鲁什，威廉·琼斯 主编. 江苏人民出版社. 2015年10月

财富新时代——如何激活百姓的钱. 王永昌 主笔&主编. 中国经济出版社. 2015年7月

生态金融的发展与未来. 陈雨露 主编. 人民出版社. 2015年6月

构建中国绿色金融体系. 绿色金融工作小组 著. 中国金融出版社. 2015年4月

"一带一路"机遇与挑战. 王义桅 著. 人民出版社. 2015年4月

重塑全球治理——关于全球治理的理论与实践. 庞中英 著. 中国经济出版社. 2015年3月

金融制裁——美国新型全球不对称权力. 徐以升 著. 中国经济出版社. 2015年1月

大金融与综合增长的世界——G20智库蓝皮书2014—2015. 陈雨露 主编. 中国经济出版社. 2014年11月

欧亚时代——丝绸之路经济带研究蓝皮书2014—2015. 中国人民大学重阳金融研究院 主编. 中国经济出版社. 2014年10月

重新发现中国优势. 中国人民大学重阳金融研究院 主编. 中国经济出版社. 2014年8月

谁来治理新世界——关于G20的现状与未来. 中国人民大学重阳金融研究院 主编. 社会科学文献出版社. 2014年1月

225

## 二. 学术作品系列

中国绿色金融发展研究报告2018. 马中、周月秋、王文 主编. 中国金融出版社. 2018年8月

造血金融与一带一路：中非发展合作新模式. 程诚 著. 中国人民大学出版社. 2018年8月

全球视野下的金融学科发展. 吴晓求 主编. 中国金融出版社. 2018年5月

"一带一路"投资绿色标尺. 王文、翟永平 主编. 人民出版社. 2018年4月

"一带一路"投资绿色成本与收益核算. 王文、翟永平 主编. 人民出版社. 2018年4月

中国绿色金融发展报告2017. 马中、周月秋、王文 主编. 中国金融出版社. 2018年1月

互联网金融风险与监管研究. 刘志洋、宋玉颖 著. 中国金融出版社. 2017年9月

从万科到阿里——分散股权时代的公司治理. 郑志刚 著. 北京大学出版社. 2017年4月

金融杠杆与宏观经济：全球经验及对中国的启示. 中国人民大学重阳金融研究院 著. 中国金融出版社. 2017年4月

DSGE宏观金融建模及政策模拟分析. 马勇 著. 中国金融出版社. 2017年2月

金融杠杆水平的适度性研究. 朱澄 著. 中国金融出版社. 2016年10月

金融监管与宏观审慎. 马勇 著. 中国金融出版社. 2016年4月

中国艺术品金融2015年度研究报告. 庄毓敏、陆华强、黄隽 主编. 中国金融出版社. 2016年3月

## 三. 金融下午茶系列

有趣的金融. 董希淼 著. 中信出版集团. 2016年7月

插嘴集. 刘志勤 著. 九州出版社. 2016年1月

多嘴集. 刘志勤 著. 九州出版社. 2014年7月

金融是杯下午茶. 中国人民大学重阳金融研究院 主编. 东方出版社.
2014年4月